JN252457

図解 雨漏り事件簿

原因調査と対策のポイント

雨漏り110番技術班 監修

玉水新吾・唐鎌謙二 著

日本建築協会 企画

学芸出版社

はじめに

　2006年6月、『現場で学ぶ　住まいの雨仕舞い』（学芸出版社）という本を出版しました。10年以上経過しましたが、この種の本としては比較的好評で、少しずつですが売れ続けています。本書はそのパート2の意味で、雨漏り事例を中心に、雨漏りの原因究明が難しい雨水浸入口別に分類しました。

　雨漏りを修理する場合に、雨漏りの浸出口は雨漏り現象としてあきらかですが、雨漏りの浸入口全部を確実に見つけなければなりません。見つけきれない場合には当然、雨漏りが再発します。住宅建物における雨水の浸入口の候補は、大体推定できるものですから、仮説を立て、散水試験を確実に実施して、その部位が雨水の浸入口であることを証明していくことになります。

　2000年4月施行の「住宅の品質確保の促進等に関する法律」（品確法）により、「構造」と「雨漏り」については保証期間が10年となり、建物の長寿命化が社会的に要求されています。本書のテーマである雨漏りに関しては10年保証ということになります。

　さらに、2011年の最高裁判決では、「雨漏りなどの瑕疵には、民法の不法行為責任が問われる」との判断が示されました。不法行為責任の時効は20年。つまり雨漏り瑕疵は20年にわたって責任を追及される可能性がでてきたことになります。

　建築主で雨漏りに悩む人は多いです。建築施工者で雨漏りする建物を建設してしまい、解決できずに悩む場合があります。リフォーム業者で雨漏りを解決できずに悩む場合もあります。

　建築の雨漏り撲滅は、建築主の満足度向上、施工者側の経営上のリスク回避など、大きな意味を持ちますから、充分に配慮されてしかるべきものです。しかし現実には、現場で配慮されずに、施工の速さのみが追求されがちです。建築では、施工を急ぐとリスクが高まることが通常です。若い

職人が親方から急かされて施工するため、丁寧さは見えにくいです。

　新築住宅の場合なら、屋根・外壁の下葺き材の施工に充分な配慮がなされれば、雨漏りは発生しないと言い切ることができます。現場で、そのような配慮が実施されるシステムつくりが必要です。

　雨漏り現場の修理工事の場合なら、散水試験を充分な時間をかけて実施して、雨水浸入の全個所を確認してから、修理工事にかかることになります。散水試験を手抜きしてはなりません。修理工事自体は通常の施工者なら可能でしょうが、全ての浸入口を確実に見つけることが生命線になります。

　本書に記載した雨漏り事例は、「雨漏り診断士協会」所属のメンバー、「雨漏り110番」グループのメンバーから提供してもらいました。ここに感謝申し上げます。

　メンバーは、それぞれが雨漏り原因の究明・補修工事を生業にしている雨漏り関係の専門家です。専門ではありますが、それでも解決には苦労しています。100％解決できてはいないのが現実です。一言で言えば雨漏りは難しいということです。残念ながら、多くの雨漏り再発という失敗経験もあります。ただ、失敗経験を重ねるごとに、より早く解決につながっていくことも事実です。

　本書には、「雨漏り110番」のメンバーが試行錯誤を重ねて得てきたノウハウがぎっしり詰まっています。自身が一から現実に経験していくなら、数十年かかることを学ぶことができます。住宅建築に携わる方のご参考にしていただければ幸いです。

目次

2 壁

3 バルコニー

※W：木造　S：鉄骨造　R：鉄筋コンクリート造

第 1 部

雨漏り入門

1 | 雨漏りの現状

　NPO 法人「雨漏り診断士協会」という協会があります。雨漏りの予防・原因究明・修理に対する専門機関が存在しないために、設立された協会です。協会によりますと、「雨漏り」とは、「施工の意図に反し、建物内部に雨水が浸入すること」と定義付けられています。雨漏りを意図して発生させることはありませんが、結果的に材料・施工の不具合により、発生することはかなりあるものです。

　建築主が入居後に最も嫌う現象が雨漏りであり、建築業界で最も多いトラブルが雨漏りです。あってはならないことですが、現実には、かなりの雨漏り事例が発生しています。

　㈶住宅保証機構の補償状況を見ると、図1のように全体の約85%が屋根・壁・防水の雨漏り関連で補償しています。雨漏りの補償件数については、外壁が圧倒的に多く、次いで屋根となっています。

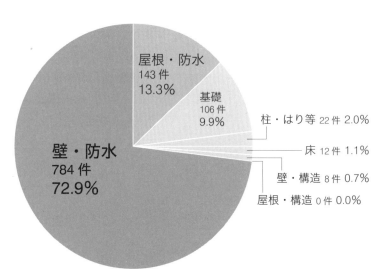

図1　事故部位別件数及び割合（2009 年、一戸建て、総数 1075 件）
（出典：㈶住宅保証機構資料）

雨漏りのイメージとしては、屋根から雨漏りしているのではないかという印象がありますが、補償件数としては屋根よりも外壁が多いのです。

　雨漏り以外では基礎・構造・その他ですが、全体の15％に過ぎません。雨漏りに対する補償が圧倒的に多いのが現実です（外壁には、バルコニーや軒天も含んでいます）。

　2000年4月1日より施行された「住宅の品質確保の促進等に関する法律」（通称：品確法）によって、新築住宅を取得してから10年間、**「構造耐力上主要な部分」**と「雨水の浸入を防止する部分」に何らかの「瑕疵」が見つかった場合、施工者（売主）は建築主（買主）に対して、修理や損害賠償の責任を負う義務があります。

　構造と雨漏り以外の保証については、一般に2年ですから、雨漏りに対する保証の重要性は際立っているといえます。

　さらに、雨漏りの瑕疵担保期間（欠陥を無料で補修する期間）は上記の品確法では10年となっていますが、2011年の最高裁判決（別府マンション事件）では、「雨漏りなどの瑕疵には、民法の不法行為責任が問われる」との判断が示されました。不法行為責任の時効は20年。つまり雨漏り瑕疵は20年にわたって責任を追及される可能性があります。つまり放置すると健康や財産が侵害される瑕疵として、漏水は該当するのです。不法行為責任で争った判例は多くありませんが、将来の方向性としては、厳しくなるものと思われます。

　各県の建築士会などが主催する建築相談会の相談内容で、最も多いのが、「雨が漏れる」現象です。

　欠陥建築紛争で、裁判所に持ち込まれるのは、毎年約2500件です。医療訴訟に次いで多いのが住宅訴訟と言われています。和解で妥協する場合は、はるかに多いでしょうから、訴訟にまで至る件数は少なくなっています。訴訟に持ち込むには、弁護士費用・時間がかかるのは当然として、多くのストレスも感じることになりますので、いわゆる泣き寝入りする人は、表にはでませんが、さらに多いでしょう。

また、賃貸住宅では、雨漏りしても入居者が報告しない場合があります。これは「潜在的な雨漏り」になります。管理会社や業者が現状確認のために部屋に入るのですが、これを嫌う入居者が多いためです。台風時だけの雨漏りで年に1〜2回程度なら、ガマンして、そのうちに引っ越しします。自分の所有物ではないのですから、雨漏りによる建物の傷みを気にすることもありません。入居者が退去した後、雨漏りの痕跡を見て初めて気付くことになります。

　建築主にとって、意を決して住宅会社と争うということは、今後の住宅会社によるメンテナンスも事実上期待できなくなる可能性があります。基本的には、建築主と住宅会社の両者は、良好な関係を継続していきたいものです。ホームドクターとして、相談できる関係が好ましいのです。これには双方の並々ならぬ努力が必要です。時間が経過して、双方の接触がなくなり、疎遠になっていく場合が多く、そのうちに他の業者が入って工事する場合もあります。問題が発生した場合、元の施工業者の責任か新規の施工業者の責任か曖昧になります。建築主も施工者を変えることによる施工責任のリスクを認識していませんから、こういったことはよく起こります。だから、これだけ多くのリフォーム業者が存続できるとも言えます。

　住宅において、通常は、「地盤」「構造」「雨漏り」の3点が大きな問題であると言われてきました。各敷地で実施される地耐力調査（スウェーデン式サウンディングなど）に基づく適正な判断と、適正な基礎補強が実施されますと、不同沈下などの異常はないことになります。地盤・構造の問題がないとするならば、住宅に携わる技術者にとって、「雨漏り撲滅」こそが、最重要課題と言えます。

雨漏りの4要素

　雨漏りは、下記の4つの条件の組み合わせにより発生します。

　①雨量

　②風の向き

③風の強さ

④雨降り継続時間

　風が弱く上から降る雨だけなら、雨漏りしないことが通常ですが、下から上に舞い上がる雨もあります。雨が降ると、常時雨漏りするわけではありません。現場ごとの条件があります。大型台風が遅いスピードで直撃する場合などは、一般に①雨量が多く、②風の向きはほぼ全方向、③風の強さは強く、④雨降り継続時間はそれなりに長くなり、雨漏りにとって最悪の条件となります。

雨漏りを招く悪魔の３仕様 ─軒なし・外壁通気層なし・陸屋根

　軒の出のない建物は、軒の出のある建物と比較して、雨漏りの確率は数倍に上昇します。外壁通気層のない建物は、外壁通気層のある場合に比較して、雨漏りの確率は数倍に上昇します。陸屋根のように屋根勾配の小さい屋根は、適正勾配の屋根に比べ、雨漏りの可能性が高まります。

　ただ、当然ですが、いずれも配慮がされれば、雨漏りはなくすことが可能です。

白蟻による２次被害

　日本には、白蟻が20数種類生息していると言われていますが、問題となるのは、ヤマトシロアリとイエシロアリの２種です。

　白蟻は、木材なら何でも食しますが、特に松材を好みます。ダンボール、衣類、断熱材、電線ケーブルまで食い荒らし、コンクリートにも穴を開け

表1　ヤマトシロアリとイエシロアリ

	ヤマトシロアリ	イエシロアリ
加害木材	湿った木材を好む	湿った木材に限らない
加害部分	地上から近い部分	地上から小屋裏まで
加害度	限定的	激烈
地域	全国	西日本南部限定
1集団数	1万〜2万匹	数十万〜100万匹

ます。特に、イエシロアリは尋常ではなく、激烈であり恐怖心すら覚えます。白蟻には水が必要ですから、雨漏り・結露・漏水など水分の供給がある場合には、白蟻のリスクが高まります。

基礎工事中に、木製型枠の一部が土中に放置される場合がありますが、これは白蟻発生のリスクになります。新築時に防蟻工事をしても、白蟻が発生する場合、何らかの原因があるものです。適時の点検が必要です。

図2は解体する家を調査したもので、建物の地面からの高さと築年数をあらわしています。雨漏りなどの水の供給があると、高いところでも白蟻被害があることになります。地面から1mの防蟻施工の規準だけでは無理な場合も多いといえます。

最近の基礎は、布基礎からベタ基礎に移行しています。つまり建物内部に土がなく、コンクリートで土間をつくってから立ち上がり基礎をつくりますので、内部から土が見えなくなりました。これは白蟻対策としては絶対ではありませんがプラスに作用します。厳密には土間コンクリートを施

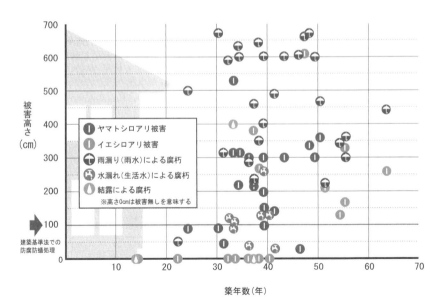

図2　築年数と高さごとのシロアリ・腐れの被害
(出典：国産無垢の家研究会『ハウスガードという仕事』コシイプレザービング、2016年)

工しても、コンクリート打ち継ぎ部分や、設備配管まわりなどからは、白蟻が侵入する可能性があります。土間コンの場合でも、防蟻処理をしておくべきものです。

　白蟻の被害の保証期間については、通常防蟻処理施工後5〜10年とされています。確認しておきますが、雨漏り・漏水・結露水などにまつわる、白蟻被害については免責となり、補償されません。雨漏り・結露・漏水などによる水の供給があると、白蟻は容易に侵入します。放置すると、補修工事では済まなくなり、建て替えなど、大きな被害に発展する場合もあります。

意外と多い新築の雨漏り

　建物の経年劣化による雨漏りもありますが、入居後数ヶ月で雨漏りすると、深夜であっても工事担当者の携帯電話にクレームが入ります。建築主はカンカンです。建築主の満足感は、一気に吹き飛びます。住宅会社に対する評価は、最低となります。

　雨漏り原因の多くである屋根・外壁の下葺き材に不備があると、新築であっても雨は漏ります。建物が経年劣化するという理由だけで雨が漏れるわけではありません。当然ですが、運が悪くて雨漏りすることもありません。

　雨漏りには必ず原因が存在します。雨漏りは、適正な材料を用いて、適正な施工を行えば発生しません。雨の漏りやすい納まりはありますが、施工時に配慮すれば、雨を漏らさないようにできます。

　雨が漏るということは、何らかの施工上の不備があったことを意味します。最近の現場では、材料に難があることは少なく、それなりの材料を使用しますので、施工に問題があることが圧倒的に多いです。しかし、新築時なら、適正な施工を実施すれば、雨漏りを発生させないことも可能です。

　新築以外の場合で、屋根材・外壁材を全部めくってやり直しをすれば、問題を解消できますが、一部でも屋根材・外壁材を残す場合には、雨漏り

発生の可能性はゼロにはできません。一度発生した雨漏りを直すことは難しいのです。やってしまった仕事をやり直すのは勇気が要ります。

　雨漏りの原因を解明できる技術者は少ないのです。解明には時間をかけて、散水試験を実施しなければなりません。完全に雨漏りを直すことのできる技術者・職人も少ないのです。

　施工者としては、補償として、無償で工事する以上、なるべくコストをかけずに直したいという気持ちもあります。必要以上にケチった工事は失敗する可能性が高いのですが、とりあえずその場を乗り切りたい人が多いのです。

100 − 1 ＝ 0

　工事がうまくいって、引渡し直後には、満足感が100％と高い場合があります。ところがまもなく雨漏りが発生すると、それだけで満足度は急に低下して、全てが不満となってしまいます。不満は不満を呼び寄せることになります。不満の目で見始めると、さらに些細なことにも気付いてきます。全体を100点として、雨漏りという欠点が1点あるだけで、100 − 1 は本来の99点ではなく、0点と建築主は感じてしまうものです。99点分の努力は無駄になってしまうのです。

　顧客満足の世界においては、100 − 1 ＝ 0ということは通常に起こり得ることです。担当した建築関係者にとっても、費やした努力と時間などの投入したエネルギーが全く評価されないわけで、つらいものがあります。

2 │ なぜ漏るのか

雨漏りのメカニズム

　木質系建物と鉄筋コンクリート造・鉄骨造建物に分けて説明します。

　木質系建物においては、雨漏りは、「1次防水」＋「2次防水」のセット
で考える必要があります。屋根瓦材や外壁サイディング材のみといった1
次防水だけでは、雨漏りを完全に防ぐことはできません。屋根材・外壁材
のわずかな隙間から若干浸入する雨水を、2次防水で防ぎます。2次防水
の上には、雨水が若干流れていることになります。

表1　1次防水と2次防水とは

	屋根	外壁
1次防水	屋根材・板金・シーリングなど、外から見える部分	外壁材・板金・シーリングなど、外から見える部分
2次防水	捨て板金・下葺き材（アスファルトルーフィングなど）、外から見えない部分	捨て板金・下葺き材（透湿防水シート・アスファルトフェルトなど）、外から見えない部分

　雨水の浸入を、屋根瓦や板金などの1次防水で、できるだけ防ぎます。
防ぎきれない若干の雨水については、下葺き材の2次防水で防ぎます。屋
根の2次防水である下葺き材のアスファルトルーフィングの上には、雨水
が流れています。建物本体を傷めないうちに、速やかに雨水を排出しなれ
ばなりません。2次防水を突破した雨水が、雨漏りになります。雨漏り修
理を行う際、屋根・外壁の一部をめくってみると、2次防水のどこかに不
具合が発生している場合が多いです。2次防水が、完璧な材料と施工であ
れば、雨漏りは発生しません。

　雨は上から下に降るだけとは限らず、風により、横からはもとより、下
から上に舞い上がって降る場合もあります。雨水は極めて小さな隙間から
も浸入します。

　屋根の下葺き材の上には水が流れています。次ページの2枚の写真で、
上方の瓦に散水して、しばらくしてから下方の瓦をめくって下葺き材を確

認すると、水が流れています。

　2次防水である下葺き材（この場合はアスファルトルーフィングと呼ばれる防水シート）の上には、水が流れている状態であり、瓦の下には、水が容易に浸入することを示しています。2次防水を疎かにすると、雨漏りが発生することになります。

図1　上方の平板瓦に散水中　　　図2　下方の瓦をめくると水が流れている

　言葉を変えれば、雨漏りに対して重要な役割を担う下葺き材を紫外線から守り、経年劣化を防ぐための保護材が瓦であるとも言えます。

　以上は、屋根の下葺き材の説明ですが、同様に外壁の下葺き材の上にも水が流れていることになります。

耐久性のバランス

　屋根瓦・下葺材・野地板のそれぞれの材料は、耐久性に差があります。

　例えば、瓦は80年経過しても、もっています。その下にある下葺き材は30年で劣化しています。雨が漏ると、その下にある野地板は速やかに腐食します。

　雨漏りのために野地板が腐食して補修する場合、上から順番に撤去しなければなりません。

　瓦の撤去は難しく、再使用しようとする場合には、丁寧に降ろす必要があります。瓦を上から投げ下ろして廃棄して、新規の瓦を設置するのと変

図3　築80年の木造住宅の瓦

図4　築30年の下葺き材の劣化

図5　築30年の野地板の劣化

わらない金額の見積もりが出てくると、この際、新規にやり直そうということになる場合もあります。本来長い耐久性のあるはずの瓦も同時に没にしてしまうことになります。材料の耐久性のバランスが悪いのです。

　屋根や外壁のように、外気に面する部位では、建物内部への雨水浸入の可能性があります。1面何もない単なる壁・屋根では漏りませんが、穴をあける部位（開口部・貫通部）と、取り合い部位（継ぎ目）が問題となります。

　木質系建物では、外壁でいえば、1次防水以外に、下葺き材（アスファルトフェルトや透湿防水シート）を2次防水として施工します。1次防水で防ぎきれなかった雨水は、2次防水で止めて、外壁通気層（1次防水の外壁サイディング材と2次防水の下葺き材との間の隙間約15〜24mm）を流れて、自然に下方に排出します。若干は浸入する雨水を2次防水で防ぐわ

けです。1次防水だけでは防ぐことができない雨水を2次防水で防ぐことになるため、雨漏りに対して安全性が高まります。

　一方、鉄骨造のALC外壁構造の建物は、雨漏りに対して脆弱な構造といえます。その理由は、ALC外壁材の多数のジョイント部分では、シーリング材のみで雨漏りを防止するからです。外から目視できる部位（外壁材やシーリング材・板金材など）は1次防水です。シーリング材の劣化により防水が切れると、即雨漏りになり、2次防水はありません。1次防水だけで雨水を防がなければならないわけで、条件が厳しくなります。

　また、鉄筋コンクリート造建物では、屋上はアスファルト防水・塗膜防水など、「メンブレン防水」と呼ばれる不透水性被膜により、完全に覆いつくしますので、鉄骨造同様に、2次防水はなく、1次防水のみになります。これは防水工事であり、屋根工事・外壁工事とは異なります。鉄骨造よりは良いと言えますが、雨漏りした場合の水の浸入口を見つけるための散水試験では、最も多く時間がかかり、木質系建物の数倍の散水時間が必要です。浸出位置も離れて出る場合が多いため、原因追及が難しくなります。

　木質系建物では、防水層で完全に覆うことなく、屋根材・外壁材を部材単体として設置するだけです。一体化して密着させているわけではありません。したがって、2次防水が必要となります。メンテナンスも重要となります。一般には10年ごとに1次防水であるシーリングの打ち換えと、吹付け塗装が必要となります。この費用は施工者責任ではなく、建築主負担となります。

　施工者の責任で、建築主に対し、メンテナンスの重要性・時期および概算費用について、建物を引渡す時期までに納得のいく説明をしておかなければなりません。理解していない建築主が多いのです。その時の説明を理解していても、時間経過により忘れるものです。建築主に対するコミュニケーション不足にならないようにしましょう。実際のメンテナンス時期までの期間に、定期点検で会うたびに何回も同じ説明をする必要があります。

2次防水なしで外壁施工した事例

コスト縮減を目的として、外壁の下葺き材を省略し、直接外壁サイディングを施工した大手ハウスメーカーの実例です。

図6　外壁サイディングをめくると下葺き材がなく、断熱材が見える

2次防水をなくし、1次防水だけで対処するわけですから、当然に雨漏りすることになります。雨漏り発生率100%です。住宅会社は、結果的に無理と判断して、下葺き材施工を復活させましたが、全国に多くの下葺き材のない建物が残されました。外壁サイディングに施工されたシーリングだけで、雨漏りを防いでいることになりますから、そもそも間違った発想です。技術者として、やってはならないところで、コスト縮減をやってしまったのです。

30年周期説

雨漏り修理を行う際、屋根・外壁の一部をめくってみると、2次防水のどこかに不具合が発生している場合が多いです。一般的に、入居後の屋根・外壁のメンテナンスについて、「10年目再塗装・20年目再塗装・30年目屋根外壁材をめくってやり直し」を繰り返す「30年周期説」がよく言われますが、2次防水であるアスファルトルーフィング・アスファルトフェルト・透湿防水シートは30年間の途中で劣化の程度を確認するための目視が事実上できないため、雨漏りして初めてめくることになります。下葺き

材の品質と、施工の丁寧さが要求される理由です。

　下葺き材の施工ですが、屋根・外壁ともに、比較的簡単な仕事とされており、経験年数の少ない若い職人が、親方から急がされながら施工することが多く、早く施工することだけに主眼が置かれています。本当は雨漏りの生命線を担う仕事なのですから、丁寧な施工が求められ、作業終了後、充分な検査をしてから、次の仕事に進むべきものです。

　屋根・外壁の下葺き材として、高級で耐久性のある材料を使用しても、建築主には理解しにくいところです。高級な屋根材・外壁材採用の方が、インパクトがあり、評価されますから、営業的には下葺き材に力を入れて説明することはありません。外部から見えないところに予算をかけにくいのです。だからこそ、現場の技術屋に頑張ってほしいところです。

雨漏りを塗膜でなおす

　雨漏りする建物に対し、塗膜で全体を覆うことにより、雨漏りを防止できるという考え方は不可です。塗装で雨漏りを止めることは通常できません。

　散水試験を実施して、雨水浸入個所を確認し、修理方法を確認するというステップを踏んだ上で、水切りの施工ならびにシーリングの全面打ち換えを完了してから、塗装する必要があります。順番を間違えてはいけません。

　外壁が経年劣化してくると、多くの飛び込み業者が、「そろそろ塗り替えの時期ですよ」と親切に営業に訪れます。その際に、「雨漏りで困っています」と申告すると、「塗装（塗り替え）をやったら止まりますよ」と外壁の再塗装工事の契約を、安易にそして熱心に推奨してきます。そして再塗装契約を迫ります。雨漏り修理工事と、塗装工事は別個の話であり、塗装で雨漏りが止まることはありません。また、元の施工業者の雨漏り責任を曖昧にすることになります。施工者を変えるリスクを説明しなければなりません。

散水試験

　事前準備として、散水試験を充分な時間をかけて実施し、雨水の浸入箇所を完全に把握した上で、工事に着手する必要があります。散水試験が充分でない場合には、補修完了直後に、雨漏りが再発することが非常に多いです。ただし、雨水の浸入口を完全に見つけることは難しいのです。浸入口を的確に見つけることが生命線です。

　散水試験により、雨漏り現象を再現して、雨水の浸入口を見つけるのですが「この部位から雨漏りはしない」という証明はできません。その理由を次に述べます。

悪魔の証明

　先に①雨量、②風の方向、③風の強さ、④雨降り継続時間の4つの要素により雨漏りが発生するといいました。

　30分散水して雨が漏らないからといって「雨漏りしない」とは言えません。1時間散水すると雨漏りする場合もあります。散水方向を少し変えたり、散水部位を少しずらしたり、脈動圧（散水に強弱を加える）にすると、雨水が浸入する場合もあります。

　建物の構造にもよりますが、何時間散水を継続すれば完璧かはわかりません。過去には4時間散水し続けて、雨漏りが始まったという例もありました。どれだけの水圧で、どれだけの水量を、どの方向から、どれだけの時間、散水すればよいのか基準はありません。ここが難しいところで、経験と勘の世界です。

　膨大な時間をかけて全個所を網羅しなければなりませんので、雨が漏らないという証明は事実上できないのです。これは通称、「**悪魔の証明**」と呼ばれるもので、本来、証明できないものなのです。ただし現実には、品確法により、施工者として雨漏りに対する10年間の保証をしなければなりません。

施工者の変更リスク

　施工者の対応や技術力に対し、建築主が不満を持つ場合があります。雨漏りが止まらない場合などは当然不満が生じます。

　建物において、建築した施工者以外の業者が修理を施工すると、建築した施工者の責任が曖昧になります。保証期間経過後に実施する場合など、元の業者の施工責任を追求しない場合はよいのですが、元の業者の責任を追求する場合には、他の業者を入れると問題になります。

　トラブルが発生すると、お互いが自分の責任ではなく、他方の責任であると主張します。したがって、建物引き渡し時に、施工業者の変更については建築主に対し、そのリスクを充分に説明しておかなければなりません。

　「近所で塗装工事を行っているから、いまなら割安で施工できますよ」という訪問販売がありますが、業者が変わるリスクを認識していない建築主が多いです。割安ということにつられて、契約する人もあります。ひどい時には契約書がなく、口頭契約の場合もあります。口頭でも契約は成立することになっていますが、通常の施工者なら、工事をする以上は、契約書を作成するべきものです。

　その後に、雨漏りしたら、後の業者は元の業者の責任を主張します。元の業者は後から塗装した業者に修理を依頼して下さいとなります。困るのは誰でしょうか。弁護士をいれて裁判・調停で争うことは、お金も時間もストレスもかかります。

雨漏りの経路式と経路図

　NPO 法人「雨漏り診断士協会」は雨漏りを下記の 4 つに分類しています。
①「単一雨漏り」
　原因となる雨水浸入位置が 1 ヶ所であり、雨水浸出位置が 1 ヶ所の雨漏りのこと。

浸水経路式　a＞AL＜b

※AL：アロング（along）、経路のこと

② 「複数浸入雨漏り」

　原因となる雨水浸入位置が複数箇所であり、雨水浸出位置が1ヶ所の雨漏りのこと。

浸水経路式　a・b＞AL＜c

③ 「複数浸出雨漏り」

　原因となる雨水浸入位置が1ヶ所であり、雨水浸出位置が複数箇所の雨漏りのこと。

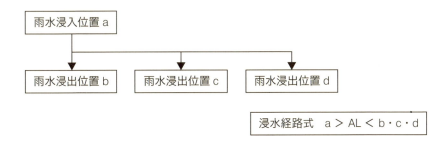

浸水経路式　a＞AL＜b・c・d

④「創発雨漏り」

　各要因の複雑な相互作用により、問題のある部位ごとの性質にとどまらない状態にある雨漏りのこと。

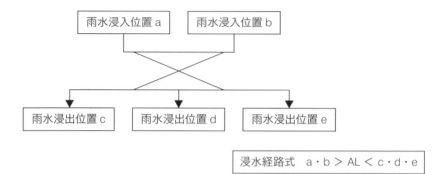

浸水経路式　a・b＞AL＜c・d・e

3 | どうすれば防げるのか

　雨水を完全に浸入させないようにすることが、現実問題として困難であることは前述の通りです。浸入してしまった雨水が、建物に被害を及ぼす前に、速やかに排出するという考え方が必要です。雨水を滞留させるとトラブルが発生しますが、適正に排出すれば問題はありません。これは雨漏りを考える際、重要な考え方になります。

外壁通気工法

　外壁材の仕様は、通気工法か、直張り工法かに分けられます。

　外壁材がサイディング材の場合、最近では外壁通気層を設けることが標準になっています。昔はすべての現場で、通気層がなく、直張り工法でした。サイディング材と、下葺き材（透湿防水シート）の間の通気層に空気を通すことにより、建物の耐久性は、大幅にアップします。外壁サイディング材の裏側の通気層（厚み 15 〜 24mm）により、浸入した雨水や、結露水を重力排出できます。この外壁通気工法を選択することが、必須条件となります。

　外壁通気工法により、雨漏り・結露などの問題のかなりの部分が解消されます。外壁材には、通気工法かどうかの確認が必要です。当然、通気をとらない直張り工法の方がコストは安いです。通気をとれば、胴縁・金具など通気のための材料費と、それらの施工費がアップします。しかし、このアップ分は、将来に渡って、建築主にコスト以上のプラスをもたらしてくれます。コストの低さに流されて、直張り工法を採用してはいけません。外から見た目は変わりませんから、コストダウンのターゲットになりやすいのです。コストダウン以上に、大幅な性能ダウンになってしまい、見た目が一緒ですから、始末に悪いのです。コストを優先する建売住宅等では、外壁通気層無しのものがあります。外壁通気工法でない場合には、建築主に対し、わざわざ説明しません。「建物の耐久性が低下していますよ！」と

いう説明は、営業的に必ず省略されることになります。

　外壁が左官仕上げの場合、コストの点で、まだ通気をとらない場合が通常です。本来ならば、耐久性の観点から、左官仕上げの場合でも通気工法の施工が可能ですから、通気をとる方がお薦めです。外壁が左官・吹き付け仕上げの場合、通気工法かどうかの確認をとるべきです。予算の問題が影響するのですが、建物の将来に渡る耐久性を考慮して、是非とも通気工法をお薦めします。図面・仕様書に通気工法と記載されておれば問題ありませんが、記載のない場合には要確認です。わざわざ通気層はありませんよと説明してはくれません。

　阪神淡路大震災のときに、左官仕上げに発生した多くのひび割れと、サイディング材のひび割れが入らない状態が比較され、一気にサイディング仕様が普及しました。サイディング材を施工した直後はきれいですが、徐々に劣化して、味わいがなくなることに対して、最近は、味わいのある左官仕上げが復活してきました。

　外壁材が、左官かサイディングかの見栄えの違いは、建築主の好みですからどちらでもよいですが、外壁通気層については、確認して納得してから、建築主が通気工法の採用を決定して下さい。竣工後では事実上変更できないところは、説明を受けて、納得できるまで検討しましょう。決定するのは建築主ですから、お任せではいけません。

　外壁通気胴縁は、欠き込みのある通気できるものを使用します。サイディング材料が縦張りか横張りかにより、縦胴縁の場合は、上下に開放されるので、上下方向の通気がとれますから問題ありませんが、横胴縁の場合には注意します。そのままなら上下方向の通気がなくなります。部分的に「欠き込み」を設けて、通気することを確認しましょう。また胴縁相互を接触させることなく、隙間を確保すると通気が促進します。

　基本的には全面通気が必要で、滞留する箇所はゼロとなることがベストです。小さなところでも通気しないところはダメージになる場合があります。

図1　通気層の縦胴縁工法　　　　　図2　通気層の金具止め工法

　外壁の金属サイディング材にある波状で通気はある程度しますが、横胴縁（若干は水を受ける）の上部に水勾配をつけるとベターだと思います。横胴縁の固定は大工施工ということもあり、下地位置がわかるはずで、今後は下地のあるところのみ50mm長さの釘で固定する方がよいでしょう。下地合板・バラ板だけに固定すると、釘跡から雨水が浸入するリスクがあります。現在は少ないですが、将来は屋根にも通気層を確保すべきであると思います。

　次ページの図3は、在来木造住宅でのトラブル事例です。120mm角通し柱のところには通気層がありません。105mm角管柱の部分には通気層があります。これは通常の納まりです。事故例として報告されていますが、かなりの結露によるダメージがある現場です。通気しない部分の面積は、通し柱の部分のみでわずかですが、通し柱は現実にダメージを受けています。

通気層工法の落とし穴

　在来木造工法において、通し柱を120mm角、管柱を105mm角で使用する場合ですが、通し柱部分は通気層が無く、外壁材直張りになると、通し柱が腐食する場合があります。通し柱の部分だけですが、通気が無いことにより、劣化が進行するということで、通気層の重要性が分かる例です。

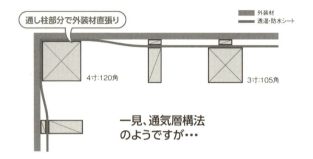

通し柱部分で外装材直張り

外装材
透湿・防水シート

4寸:120角
3寸:105角

一見、通気層構法のようですが…

⚠ **透湿防水シートの上に外装材直張りはNGです。**
高温になった外装材の熱が直接シートへ伝わり劣化を促進させてしまいます。

上記施工方法により漏水事故が発生した現場写真
（フィルム系透湿・防水シート／築10年以内）

図3　通気層工法の落とし穴
（出典：旭・デュポンフラッシュスパンプロダクツ株式会社『タイベック®ユーザーサポートクラブ ニュースレター vol.5』）

サッシ枠下辺コーナー部

　サッシ枠は、組み立てて現場に搬入されますが、現場に搬入されたサッシを全てにわたって点検することはありません。締め付けトルクが甘いと、雨漏りの原因になる場合があり、サッシ枠下部の両コーナー部2か所が問題となります。

図4　サッシ枠下部コーナーからの雨漏り被害状況

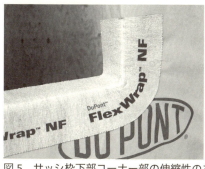

図5　サッシ枠下部コーナー部の伸縮性のある防水テープ施工と、サッシ枠下部コーナーの FRP 防水立ち上げ施工

サッシ周りの防水テープ

　サッシ周りに施工する防水テープは、75mm 幅の両面粘着ブチルテープを使用します。50mm 幅では、サッシ周りのツバ部分のかかり代が少なくなり、防水性に難があります。ゴムアス系の防水テープと透湿防水シートは相性が悪い場合があり、シワが発生することがあります。もっとも、本体〜下屋取り合い箇所は屋根のゴムアス（改質アスファルトシート）を立ち上げ、増し張り補強しますが、上から外壁の透湿防水シートを被せますから、

図6　防水テープでサッシと透湿防水シートが一体化

当然に接触するわけで、悩ましいところでもあります。

防水テープの実験

　サッシ周りに張る防水テープの性能を確認するために、実験を行いました。防水両面粘着の防水テープの75mm幅を使用します。サッシのフィン（ツバ）に両面粘着防水テープを張り、外壁下葺き材である透湿防水シートを張りますが、完全に一体化する必要があります。押さえ付けが甘いとすぐに水は浸入します。クロス職人が使用するローラーなどを使用して、充分に押さえつけます。

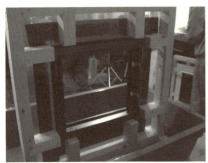

図7　サッシ周りに張る防水テープの施工状況により水は浸入する

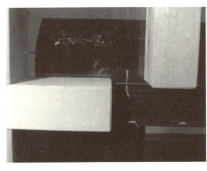

図8　防水テープの粘着性が悪いと、水は即浸入した

シーリングによる塞ぎ

　雨漏り発生後の対策として、最も使用されるのがシーリング処理です。建築に使用される全ての部材は温度・湿度の変化により、伸び縮みするた

めに、生じる隙間を埋めるには、便利な材料といえます。実際の施工現場では、シーリング施工箇所は、雨漏りの危険箇所、異種材料の接触箇所になりますが、どこの部位にシーリングを施工するかが問題となります。どこをシーリング施工するのか、住宅では図面や仕様書に明確に記載されていない場合がほとんどですから、予め確認が必要です。

　雨漏りの鍵を握るのはシーリング工事（1次防水）といえます。原則的には1次防水で雨水をシャットアウトすべきですが、シーリングのみに防水を期待するのは不可です。2次防水の適正な施工が前提条件です。シーリング材の耐久性は雨・紫外線等の当たる通常の環境下では、10年前後で、当然に永久にもつものではありません。通常の建築材料で永久的にメンテナンスフリーのものはありません。将来の定期的かつ継続的なメンテナンスは必要です。

図9　サッシ上部の水抜き用部品

図10　水抜き部品

図11　サッシ上部の水抜きのない場合

仮設足場工事費用の問題で、同時に屋根のメンテナンス・外壁の塗装工事など、足場が必要な全ての工事を同時に実施すれば仮設工事費用が割安になります。10年に1度のメンテナンスは理想ですが、諸般の事情があっても、15年以内には是非とも実施すべきで、15年以上先延ばしにすることは不可です。

　サッシ上部にはシーリングしないようにします。外壁通気層には、雨水が浸入し、結露の水が流れるものですので、水の出口を確保することが重要です。サッシ上部は外壁通気層の水を受ける部位になりますから、雨水が排出できるようにします。サイディング仕上げなら純正部品の使用も検討します。昔は水が入らないように塞いだ時期もありましたが、雨水はどこかから必ず入ります。

　水抜き部品は、純正部品として市販されていますが、部品を使用せずに、水抜き穴を開けてもかまいません。

3面交点

　3つの面が交差するところは「3面交点」と呼ばれ、雨漏りの可能性の高い部位です。次ページの写真では、本体・バルコニー笠木天端・バルコニー手摺壁の3面です。1枚の通常の防水シートでは施工できないところで、防水の弱点になります。3面交点の入隅では、下葺き材を施工する際

図12　バルコニー手摺と本体取合い3面交点に対し、樹脂製役物・伸縮性のある粘着防水テープを施工

にカッターナイフで切ることになり、ピンホールが開いた状態になります。下葺き材のピンホールは完全に塞がなければなりません。

　３面交点への対処方法として、樹脂製の役物部材や、伸縮性のある防水テープが市販されています。伸縮性のない防水テープでは適正な施工がで

図13　バルコニー手摺の３面交点の樹脂製役物

図14　３面交点対策用樹脂製役物の入隅・出隅

図15　バルコニー手摺の風抜き穴の３面交点

図16　３面交点出隅の樹脂製役物

きません。

　バルコニー手摺に、風抜き穴を設置すると、穴下部の両コーナーは3面交点となります。図15では2×3個の合計6ヶ所の3面交点が生じます。

　バルコニー手摺に段差を設置しても、3面交点が発生します。

図17　バルコニー手摺の段差で3面交点から浸入

図18　段差の3面交点の補強

配管周り

　外壁と配管の取合いも問題です。平らな壁面と丸い配管を一体化させることになり、樹脂製役物や粘着性のある伸縮防水テープを使用します。全ての配管に対応が必要です。

　防水テープを配管に沿って丸く巻くのは施工が難しいですので、伸縮性のある防水テープを事前に段取りしておかなければなりません。材料が無

図19　換気口スリーブ周りの樹脂製役物処置

かったら職人は手近にある材料で適当に納めてしまい、適正に納めてくれることはありません。

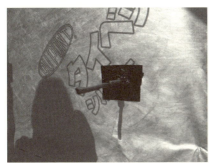

図20　電気配管周りの防水テープ

　正しい材料がなかったなら、職人なりに工夫して頑張ったとしても、完全にはなりません。図21は伸縮性のない普通の防水テープの施工例です。

図21　伸縮性のない防水テープ施工

屋根通気

　外壁がサイディングの場合には、通気層をとることが標準になりました。しかし、屋根には通常は通気層がありません。本来、建物の耐久性を考えるならば、屋根にも通気層があってしかるべきです。昔の建物で「蔵造り」があります。蔵では「鞘屋根」という独特の屋根形式を採用する場合がありました。

屋根をつくって、その上にさらに置き屋根として、2重にするわけで、通気が確保されることになります。ここまで大きくなくても、外壁通気と同様に、「屋根通気層」としての機能を発揮させれば、建物の耐久性は向上するはずです。当然ですが、野地板が2重になる分、コストアップになります。

図22　蔵の鞘屋根による通気

軒の出の少ない場合

　軒の出がある場合には、屋根の下葺き材は屋根職人が施工し、外壁の下葺き材は外壁職人が施工することで問題はありません。それぞれが独立しているからです。ところが軒の出が無い場合は、防水材を連続させないとリスクが高まります。あらかじめ捨て防水紙を施工するなどの配慮が必要となります。

図23　軒の出のない施工　　　　　図24　外壁下葺き材施工

図25　軒の出のない通気胴縁施工　　　　図26　軒の出のない雨樋施工

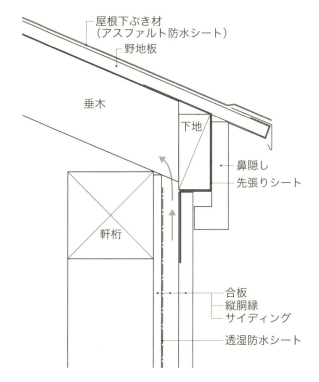

屋根下ぶき材
（アスファルト防水シート）
野地板
垂木
下地
鼻隠し
先張りシート
軒桁
合板
縦胴縁
サイディング
透湿防水シート

屋根面の防水シートと壁面の透湿防水シートを完全に連続させるのが
難しい場合、先張りシートを野地板の下から鼻隠しの下端まで垂らし
ておくだけでもリスクは軽減される

図27　野地板の下から先張りシートを垂らす方法
（出典：『日経ホームビルダー』2016年12月号）

例えば、大工が野地板を施工する前に、垂木の上に透湿防水シート幅300mm 程度を捨て張り施工して垂らして置き、図27 のように施工すると、雨水の浸入はなくなります。事前に捨て防水シートの材料を大工に渡して納め方を打合せしておくと、雨水浸入を防ぐことが可能です。

4 │ 良い雨仕舞い、悪い雨仕舞い

雨仕舞いとは

　雨仕舞いとは、建物内部に雨水が入らないようにするために、屋根に適正勾配をつける、軒の出を深くする、庇をつける、雨水の流れる経路を作る、屋根に防水処理を施すなどです。

　雨漏り防止の観点だけでなく、雨がかかりにくくする工夫や、雨水の流れによる汚れ対策、濡れに起因する劣化の低減などを含んだ幅広い概念をいいます。

　雨水の流れを抑制することですが、防水により雨水を遮るのではなく、建物の部材間の隙間で雨水を受け流すという考え方に基づくものです。風雨の条件によっては、完全防水によって遮るには限界があります。建物の長寿命化が社会から要請されている現在では、建物の品質確保の観点から、この雨仕舞いの手法は重要な意味を持ちます。

雨仕舞いの歴史

　例えば、「棟換気（換気トップ）」と称されるものがあります。屋根面の最上部から小屋裏空間の空気を排出するものです。換気は建物の耐久性を確保する上で、必要なものです。そのためには屋根に穴をあけて、換気する道筋をつくらなければなりません。その前提条件は雨水が浸入しないことです。雨水浸入防止と、換気は相反するものです。棟換気から雨水が浸入するからといって、換気を閉じることはできません。換気は常時必要なもので、換気口から万一雨水が浸入したときだけ、拭き取ればよいのです。これには入居者の協力が必要となります。

　図1は、台風時に雨水が浸入するたびに、雨漏りの原因となり、そのたびに改善が加えられた結果です。施工時期により微妙に形状変更が工夫され、複雑な形状になっています。

　軒の出・庇は、デザイン上の観点と敷地条件によって設計されますが、

図1　棟換気部材の断面形状

雨仕舞いの観点からは、軒の出は多く出すほど、外壁に当たる雨量が減少します。ほとんど軒の出のない建物は雨漏りリスクが高まります。外壁施工と屋根施工の取合いがあるためです。捨て防水シートを施工しておけば問題は少ないですから、対処の方法はあります。窓の上には、出・幅ともに大きめの庇を付けるべきです。

　サッシまわりの防水テープは水を受けないように、下辺→両横辺→上辺の順に張り、下葺き材と一体化させます。一体化できない場合には雨漏りの可能性があります。

　大工がサッシを取り付けるときにサッシ下端の捨て防水シートを同時に施工しておきます。外壁の下葺き材を施工するときには捨て防水シートをめくりあげて下から差し込むと、水が流れる方向になり、逆に張ると水は浸入するため、施工に配慮が必要となります。

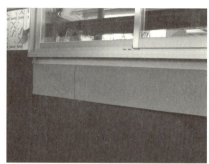

図2　サッシ枠下端の捨て防水としてのアスファルトフェルト施工

図3 サッシ下端の捨て防水の下端に挿入

図4 サッシ下端の捨て防水

図5 破風板の捨て防水としてのフェルト

図6 捨て防水の下に下葺き材を挿入

　昔は、居室の上にはバルコニーをつくらず、外側に張り出すという暗黙のルールがありました。理由は、雨漏りの可能性の高いバルコニーで雨漏りしても、漏れた水は、外部に出るため、室内への被害は少ないからです。

　これは昔の話であり、住宅において現在多く採用されているFRP防水が開発され、防水専門業者が責任施工するようになると、ルールは自然消滅しました。雨が漏れても専門業者が無償補修することになるので、建築業者は免責になります。建築主との間は別として、責任がなくなると、建築業者側にとってありがたいことなのです。その分、建築業者は雨漏りに対する意識が希薄になる結果となりました。

雨仕舞いの勘所

　雨漏りの保証期間は、通常、引渡し後10年間です。保証期間内ですから、

住宅会社の責任で直します。ただし、雨漏りの修理は難しいのです。

　まず第一に、雨水の出口は漏れてきたところですから、わかりますが、雨水の浸入口を見つけることが難しいのです。出口は1ヶ所であっても、浸入口は複数という場合も多いです。散水試験を行って、雨漏りの再現を行います。運よく1ヶ所の雨水浸入口を見つけて、急いで手直しを完了し、一安心していると、まもなく別の浸入口から、雨が漏れてくることがあります。これでは、建築主の信用を失うことになります。現場では、雨漏り補修工事を完了して、「これで漏れないはずです」と言いますが、雨漏りは再発するリスクが高いのです。

　2次防水である下葺き材の施工が完璧であれば、雨漏りにはなりません。仕上げ材を施工する前ですから、ほんのわずかな時間しか目視確認することができません。すぐに隠れてしまいますから、施工も、急いで行い、疎かになりがちです。雨漏りにおける下葺き材施工の重要性を認識していない職人も多いです。

　雨漏りする部位は、大体決まっています。要注意部位とは、施工がやりにくいところです。何もない屋根・外壁だけのところからは漏りません。

　①屋根・壁に穴をあけるところ

　　トップライト・ドーマー・煙突・屋根換気トップ、サッシ・換気扇・給気口・設備貫通部分など

　②取り合い部分

　　本体〜下屋、軒まわり、庇、サッシ・シャッターボックスと外壁、バルコニー笠木と外壁、化粧の見切り材、バルコニーまわりで3面交点と呼ばれる部位、FRP防水など

　住宅の技術屋でも、雨漏りの浸入箇所を的確に見つけることができる人は多くありません。また、見つけても、安易にシーリング材を施工して、「これで雨漏りが直りました」という場合があります。シーリング材で一時的には止まりますが、時間の経過とともに、雨漏りが再発するはずです。一方、予算の関係などで、とりあえず、発注者がシーリングで納得する場

合もあります。この場合には当然ですが十分な説明と納得を確認しなければなりません。

　雨漏りの修理は、抜本的に直さないといけません。大掛かりな工事になります。雨漏り補修のシーリング施工は、一時しのぎだけです。無償補修の場合には、業者は予算をけちって、応急復旧だけで済ませることもあります。さらに、雨漏りを補修しても、再発することが多いのです。完璧に修理することは難しいのです。雨水はほんの小さな穴からでも浸入してきます。下葺き材という名の1枚の防水紙だけでは施工しにくいところも多いです。樹脂製の各種役物や伸縮性のある特殊な防水テープが開発されており、雨漏りには効果的です。

5 | 雨漏りさせない家づくり

雨がかりとは

　雨がかりとは、建物の外部で、しかも雨に濡れる部分を言います。軒の出が長い場合や庇がある場合、外壁は雨に濡れることが少なくなくなります。

　都市部では敷地が狭小で、建物の延床面積を多く取るために、軒の出がない・少ない建物、窓上の庇がない建物が増えています。雨仕舞いの大家である石川廣三氏によると、図1のように雨水がかかる量が増えると、条件は悪くなります。軒の出のない建物の場合、屋根工事と外壁工事の取合

●軒の出と外壁の雨掛かり

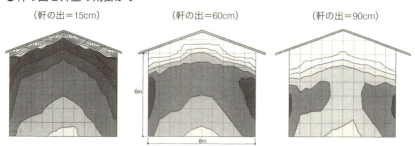

（軒の出＝15cm）　　　（軒の出＝60cm）　　　（軒の出＝90cm）

●屋根形状の違いと雨掛かり

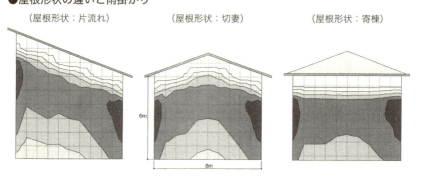

（屋根形状：片流れ）　　（屋根形状：切妻）　　（屋根形状：寄棟）

図1　軒の出・屋根形状と外壁雨量
（資料：東海大学情報デザイン工学部建築デザイン学科・石川廣三特任教授）

いにおいて、どちらの施工者がどこまで行うのかが微妙になります。軒の出が長いほど雨がかからず、雨漏りのリスクは減少します。

デザインと雨漏りの関係

　一般に住宅の設計において、過度に外観デザインを重視すると、雨漏りリスクが高まる場合が多いです。シンプルイズベストです。

　しかし、契約された建物の雨漏りリスクが高いとしても、既に契約された以上、対応を間違えなければ、雨漏りを防ぐことは可能です。基本的にいかなる部位であっても、事前に徹底検証して、施工すれば雨漏りはしません。若干のコストアップと丁寧な施工が求められます。

雨漏りに強いデザイン

　一言で言えば、建物が総2階で、軒の出が充分にある場合です。屋根面・外壁面に穴をあけることなく、取合いの少ない場合が、デザイン上の面白さは別として、雨仕舞いには最高の条件となります。つまり、雨水の浸入する可能性の高い部位が少なくなり、雨漏りする部位がない建物になります。水を受けるところ、つまり水平材が外部から見えると弱点になりますので、水切り部材を取り付けるなどの対処が必要となります。建築では水は浸入しないようにし、浸入したら、すぐに排出する出口を確保しなければなりません。

図2　軒の出のない建物

図3　風抜き穴による3面交点が多い建物

図4　露出する桁・胴差による水受け

図5　軒桁の捨て防水紙施工後の外壁下葺き材

　段差や風通し穴をつけると、下部コーナー部の取合いが増えて仕事は難しくなり、雨漏りの可能性は高まります。現場施工する以上、職人によるバラツキがでる可能性があります。

雨漏りに強い立地

　屋根よりも外壁からの雨漏りが多いので、風の強い地域では、条件が悪くなります。下から上に雨水が舞い上がるような風が強いと最悪です。建物に風が強くあたると条件が悪くなるので、建物の周囲に高さのある建物があると、風を遮ることになり、条件はプラスになります。逆にビル風と呼ばれる舞い上がる風が吹くとマイナスになります。

　強い風が吹かなければ、軒の出が効果的に働き、屋根面だけに雨がかかることになり、外壁からの雨水浸入が少なくなります。

雨漏りに強い構造

　木質系建物と、鉄筋コンクリート造・鉄骨造の建物とを比較すると、後者の方が強いイメージがあります。雨漏りについては、2次防水を採用する木質系建物の方が、雨漏りのリスクは低くなります。1次防水で大体の雨水を浸入させないようにし、若干浸入する雨水を2次防水で防ぐために、2重安全装置として働きます。

　建築では、雨水の浸入を一切許さないという考え方は、厳しいです。鉄筋コンクリート造・鉄骨造の工法は1次防水だけで雨漏りを防ぎます。シート防水やシーリングが、経年劣化するとそのまま雨漏りになる可能性が高いです。

雨漏りに強い仕上げ

　完全に雨水が浸入しないように、「メンブレン防水」と称される不透水性被膜で覆いつくす方法があります。バルコニーの床など部分的には可能ですが、建物全体となると、面積の大きさから、完全に覆いつくすことは難しくなり、必ず取合い部が発生します。サッシを取り付けると、外壁に穴をあけることになります。トップライトを取り付けると、屋根に穴をあけることになります。防水が切れるために、防水上の弱点となる取合い部を補強しなければなりません。

　1次防水＋2次防水が機能する場合には、つまり、浸入した水の排出口を確保できていると問題は発生しません。どこかに水が滞留する部位をつくると、いずれ漏れることになります。

雨水の排出口を塞いだ例

　図6は、カラーベスト屋根の重なり部にシーリングを施工し、雨水浸入口をなくしたつもりですが、雨水の排出口も塞いでしまった失敗事例で、毛細管現象による雨漏りにつながっています。

図6　カラーベスト屋根の接合部をシーリングで塞いだ例

雨漏りに強い家の共通点

　総2階で軒の出のある建物は、雨漏りのリスクが低いです。雨の漏りやすい部位がないのですから。設計担当者が頑張り抜いて、難しくして、取り合いの多い高級な家になるほど、雨漏りのリスクは高まります。お金を出すほど、雨漏りの可能性は高くなるという結果になります。雨漏りにおいて、シンプルイズベストは真実です。

6 | もし雨漏りしたら

NPO法人雨漏り診断士協会（http://www.amamorishindan.com/）は、以下のように雨漏り診断の考え方を示しています。

「雨漏りの診断は難しく、取り組む姿勢が重要です。一切の先入観を捨て去り、真剣に取り組みます。雨漏りで困っている入居者に対して、誠意をもって対応しなければなりません。雨漏り診断には、基本5原則があります。」

第1原則：「現状を正確に把握する」
①建物の構造の確認（木造・2×4・パネル・RC造・SRC造・S造）
②工法の確認（外壁・屋上・シーリング・各部位の工法と材質）
③築年数
④修繕履歴
⑤環境の把握（周辺環境・地理的傾向）

第2原則：「入居者に対し、問診を徹底する」
①雨漏り発生箇所の正確な確認
②雨漏りの時期と履歴
③雨漏り時の気象状況（雨の強さと量・風の強さと向き・タイムラグ）
④雨漏りの状況（漏水量・漏水のスピード・漏水の色）

第3原則：「多くの仮説を立てる」
①原因となりうるすべての箇所
②あらゆる可能性を排除しない

第 4 原則：「冷静な観察をする」

①雨水が浸入する入口側の目視と触診

　目地シーリングの状態・建具まわりシーリングの状態・防水劣化
の状態・外壁劣化の状態・ドレンの状態・外壁貫通部・換気口ま
わり・配管配線の貫通部

第 5 原則：「水は上から下に流れる」

①雨漏り現象がある以上、必ず浸入口がある

②遠い場所よりも近い場所の方が可能性が高い

③毛細管現象の可能性もある

④建物内外の気圧差の可能性もある

⑤結露の可能性もある

　要するに、雨漏り診断は難しいということです。散水試験によりすべて
の雨水浸入口を的確に見つけることが生命線ですが、補修しながら雨漏り
再発を繰り返して、最終的にやっと止める結果になる場合も多くあります。

雨漏り退治は施主次第

　雨漏りに対処する業者は、クレームを受けて出動します。浸出個所の確
認や雨が漏る場合の気象状況などの聞き取りを完了後、実際に散水試験を
実施して、雨漏りを再現して、雨水の浸入口を証明しなければなりません。
雨水浸入口を見つけることが生命線となります。

　そして苦労して見つけた雨水浸入口に対して、対処することになるので
すが、その前に見積もりを作成します。とは言え、剥がしてみると、想像
以上に傷みが進行している場合もあり、逆の場合もあります。やってみな
いと分からない部分が多いのです。この辺りは十分な説明が必要です。た
だ、保証を付けるのか、とりあえず雨漏りを安いコストで止めるのか、い

かに適切なアドバイスができるのかです。完全に直し切ってしまう場合も
あり、とりあえず、雨漏り再発の可能性の説明の上、シーリングのみの施
工という場合もあります。選択権限は入居者だけにあります。

サーモグラフィーカメラによる診断

　サーモグラフィーカメラとは、赤外線カメラのことで、温度差を色別に
可視化することで濡れて温度が下がったことがわかります。散水試験を実
施して、水が浸出すると、温度差があり、写真として明示できます。散水
試験報告書の作成には、説得力があります。

　散水試験を実施しない場合には、そもそも温度差がないわけで、感知で
きません。

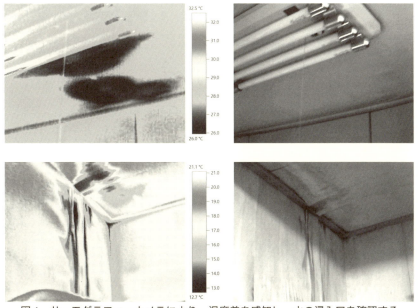

図1　サーモグラフィーカメラにより、温度差を感知し、水の浸入口を確認する

7 | 雨漏りを防ぐメンテナンス

雨仕舞いを理解する

　雨仕舞いとは、勾配のある場所で、室内に支障が出ないように雨水を受け流すことで、平面ではなく、出隅・入隅の雨水浸入を防ぐことをいいます。

　ほとんどの雨漏りの直接原因は、防水不良ではなく、雨仕舞いの施工不良です。雨漏り防止には雨仕舞いの技術が重要です。

防水を理解する

　防水とは、雨水を防ぐ、つまり、陸屋根などの水平な場所で雨水が溜まることを前提に、水が漏れないようにすることです。簡単に言えば、平面部分の雨水浸入を防ぐことを防水といいます。

素人でもできる建物診断

　現実にその建物に入居している人が、建物を掃除しているときに異常を察知する可能性は高いです。大体、プロの施工者はその建物に住んでいるわけではありません。当然気付くのが遅れます。入居者から連絡があり、訪問することになります。最初に気付くのは通常、入居者です。メンテナンスのタイミングでメンテナンス担当者が見つける場合はありますが、圧倒的に多いのが、入居者が「このようになっているが、問題なのでは？」という申告です。メンテナンスの主役は、施工者ではなく、入居者にならざるを得ません。入居者が気軽に相談できるホームドクター的存在が必要です。建築主と住宅会社は良好な関係を継続しながら、コミュニケーションを図らなければなりません。双方の理解が必要です。

雨漏り診断に基づくメンテナンス

　散水試験の結果報告書から雨漏り修理工事の見解が明確になり、概略費

用も想定できます。基本的には、抜本的に修理するべきものです。2次防水に相当する下葺き材のどこかに施工不良個所がある可能性が高いため、仕上げ材をはがす必要があります。はがしてみないと明確にはなりません。下地が相当傷んでいる場合もあります。はがさずに上からシーリング施工だけで雨漏りを止める場合には、原因は想定だけになります。

　予算の都合もあるわけで、シーリング施工だけなど、不完全な工事を行う場合もありますが、入居者が納得する説明を充分にしておく必要があります。

一般診断に基づくメンテナンス

　多くの住宅会社では、新築工事の減少から、リフォーム工事・メンテナンス工事に力を入れ出しました。特に問題のない建物でも、経年劣化は進行するものです。建物引き渡し後10年で、定期的に点検して、住宅会社が指摘した内容を、建築主の負担で実施することにより、建物の構造体の保証を10年間更新することを実施しています。

　防蟻工事、シーリング打ち替え工事、バルコニー等防水工事については、通常経年劣化の程度にかかわらず、10年を1区切りとして実施するべきものです。その他は各現場の状況によります。

シーリング工事

　シーリングは便利な材料です。多くの職種の、多くの職人が愛する材料として重宝されています。シーリングの施工箇所が適切であれば、簡単に作業でき、雨水が止まるのです。しかし、経年劣化があり、一般に耐用年数は10年程度になります。紫外線の量により、劣化にバラツキがあります。図1は終日直達日射量です。水平面は劣化が激しく、北面は劣化が圧倒的に少なくなります。

　ただし、これは適正にシーリングが施工された場合の話です。シーリング施工箇所の幅・深さ・接着性をよくするためのプライマー施工の有無・

2面接着と3面接着など配慮された場合のことです。

　現場で簡単に施工するのは、三角シールと呼ばれる施工です。幅も深さも関係なく、シーリングをなすりつけるだけです。入隅コーナー部にそのままシーリングだけ施工するものです。耐久性は少なく、やがて同じところから雨漏りが再発します。シーリングは仮復旧程度と考えるべきものです。本来の補修は、シーリングではなく、下葺き材まではがして、下地を露出させて、下葺き材の施工状況を確認した上で、補修するべきものです。

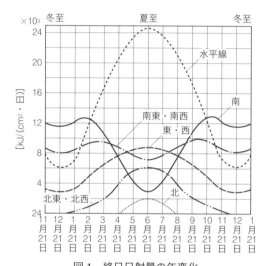

図1　終日日射量の年変化
(出典：2007年度一級建築士試験問題学科I等を参考に作成)

シーリングのメンテナンス

　10年ごとにシーリングを打ちかえる場合ですが、

①旧シーリングを全く撤去せずに上から新シーリングを施工する。

②旧シーリングを取れるところだけ取り、上から新シーリングを施工する。

③旧シーリングが固くなっている場合は削り取り、ほぼ撤去してから新シーリングを施工する。

原則として、③が正解ですが、職人によるバラツキを考慮すると、①・②で施工される可能性もあります。ALC の目地などを撤去することによる ALC の損傷を考えると、シーリングの打ちしろがあれば、残す場合もあり、判断が難しいところです。

図2　シーリングの経年劣化状況

ソーラーパネルと雨漏りのリスク

　最近では、エネルギー問題への関心の高まりから、屋根にソーラーパネルを取り付けることが多くなりました。

　ソーラーパネルを取り付ける際、屋根材の上から、固定のためのビス穴を開けます。それも下地の垂木に固定できればよいのですが、垂木から外れて、野地板だけに固定されていることも珍しくありません。屋根材の上から、下地の垂木位置を探すのは結構難しいのです。屋根下葺き材という防水を破ることになりますから、この施工方法では当然、雨漏りのリスクが高くなります。

　住宅の屋根施工業者ではなく、ソーラーパネル取り付け業者が施工しますから、本体建築工事の屋根業者は、雨漏りの責任がなくなります。雨仕舞いの専門家ではない、ソーラーパネル取り付け業者が、雨漏りの責任を負うことになります。そのリスクのために、保険に加入しているようです

が、何となく不安を感じます。雨仕舞いを知らない者が、保険によって責任を負うことは、システム不良です。

　穴をあけなくても固定できるシステムや、穴をあけても雨漏りしないシステムなどが考案されてきていますが、まだ完成はしていません。適切な方法がない状態です。ソーラーパネルを新築段階で取り付けても、後から取り付けても、雨漏りのリスクが高まることには、変わりありません。

第 2 部

雨漏り事件簿

金属屋根に穴をあけてはいけません

TV アンテナ固定金具の取り付け部から雨水浸入

【事件概要】

〈建物種別〉

集合住宅

〈構造〉

木造　在来工法　2 階建て

〈外装仕上げ〉

外壁＝ラスモルタル下地＋吹き付け塗装仕上げ

屋根＝鋼板屋根葺き

〈築年数〉

不明（築 40 年以上と推測）

〈雨漏り履歴〉

過去数年に渡り、大雨の時に 201 号室の天井と 205 号室の天井から雨漏りが発生するということで、調査と補修の依頼を受けました。

調査を行い、雨樋の落とし口（集水器）周辺の形状変更などの対策をもって雨漏りは改善しました。しかし、1 か月後の暴風雨の時に、201 号室の天井から雨漏りが再発しました。その後も少量ではありますが風雨が強い時に発生しています。

〈雨漏り状況〉

雨量が多目かつ強風を伴う天候時にのみ発生します。雨量というよりも風が強い時の方が発生しやすいようです。浸出量は比較的少なく浸出継続時間も短目であるようです。

ヒアリングシート

現調日	2016年　1月　28日　（木）　15時　00分	雨漏り診断士登録NO 19-0014

名　称	████████	お名前	████████	藤田裕二
住　所	████████	TEL	████████	

種　別	a. 戸建　(b. 集合住宅)　c. ビル	用　途	(a. 住居)　b. 会社　c. その他（　　　）
構　造	(a. 木造)　(軸組)・壁式）　b. 鉄骨（ALC・押出セメント・ラスシート）　c. RC・SRC　（2）階建て		
建物経年	築造（　40 ？　）年		
改修履歴	時期不明ながら多数あり		

種類・仕上	屋根	形状	a. 寄棟　b. 片流れ　c. 切り妻　d. 陸屋根　(e. 他　切り妻・内樋）
		材料	a. 瓦（和・洋・コンクリート・防災）　b. スレート　(c. 金属)　d. シングル　e. コンクリート押さえ　f. ウレタン　g. シート　h. FRP　i. 他（　　　）
	外壁	種類	(a. モルタル)　b. サイディング（窯業・鉄・アルミ）　c. タイル貼り　d. ALC塗装　e. 他（　　　）
		モルタル仕上	a. リシン　(b. 吹き付けタイル)　c. ジョリパット　d. スタッコ　e. 他（　　　）
		ベランダ	a. コンクリート押さえ（アス・シート・他／　　　）　b. ウレタン　c. シート　d. FRP　e. 他（　+保護モルタル　）

漏水状況	漏水箇所	a. 東　b. 西　c. 北　(d. 南)　e. 北西　f. 南東　g. 南西　h. 北東
		（2）階の
		a. 窓（出窓）上枠　(b. 天井)　c. 回り縁　d. 柱・梁　e. 点検口内　f. 鴨居　g. 床　他（　　　）
		a. 東　b. 西　c. 北　d. 南　e. 北西　f. 南東　g. 南西　h. 北東
		（　）階の
		a. 窓（出窓）上枠　b. 天井　c. 回り縁　d. 柱・梁　e. 点検口内　f. 鴨居　g. 床　他（　　　）
	気付いたのは	数日前　｜履歴　数年ごとに補修　｜年に何回位 …（1～2）回
	雨　質	時間 (a. 長)b. 中 c. 短　｜雨量 (a. 多)b. 中 c. 少　｜風の強さ (a. 強)b. 中 c. 弱
	漏水形態	a. 濡れる　b. 染みる　(c. 垂れる)　d. 溜まる　｜溜る量
	漏水までの時間	降り始めてから漏水するまでのおおよその時間は…（1～2）時間位
	止まるまでの時間	雨がやんでから漏水が止まるまでのおおよその時間は…（　すぐに止まる　）

摘　要

・昨年、付近の雨漏り対策を実施している。今回の部位は前回も浸出していた可能性もあるが以前の浸出雨量が多かったせいか改善作業を行った部位から浸入した可能性も考えられる。

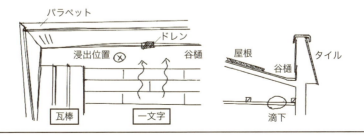

【原因調査】

〈雨漏り経緯〉

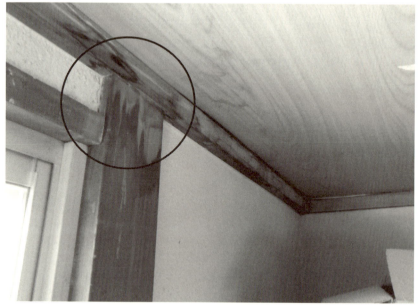

図1　天井の雨漏り跡

　雨水浸出位置は2階（201号室）リビングの天井で、雨染みは数か所確認されました。以前の雨漏り改善作業前と比較して浸出雨量は確実に減ったようですが、強風を伴う雨の時、気付くと天井が濡れていて水滴になって落下します。

〈雨漏り調査〉

1）現場調査及びヒアリングによる情報収集

　雨漏り再調査のため、状況確認とヒアリングを行った結果、強い風雨の際、降り始めてからしばらくしてから雨漏りに気付くことが判明しました。弱い雨ではもちろんのこと強い雨でも発生しないこともあります。強風が発生すると大雨ではなくても天井にシミが発生する場合もあります。

　以前の調査の時に新設した天井点検口内を確認してみましたが、以前に

確認した状況と大差はありませんでした。野地板にシミがありますがこれ
は前回調査の時にもあったものです。この近くから浸出し室内に水滴が落
下した可能性があります。

図2　天井点検口を開けて、野地板の雨漏り跡を見る

2）仮説を立てる

　前回の原因を基にした補修工事は既に完了しているので、まずはその補
修範囲から外れた部分を再検証することにしました。前回の検証時に分か
ったことですが、瓦棒葺きのトタン板の下張りであるアスファルトルーフ
ィングについては経年劣化のせいか破断している形跡が認められています。
よって、どの位置から雨水が浸入したとしてもその破断箇所から浸出する
と考えられます。浸出位置の上方は全て被疑個所となると推察されます。
また、谷樋を含む水勾配の関係から横方向にも目を向ける必要がありそう
です。

〈雨漏り調査の実施〉

　補修を行っていない部位について下方から順次散水を開始しました。

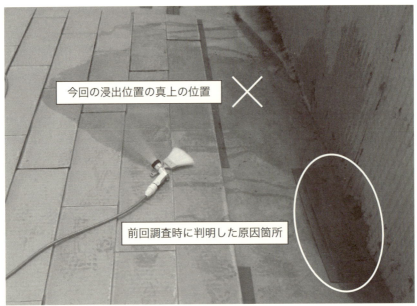

図3　下部から順に散水開始

　図3で散水している部分の屋根は一文字葺きになっていますが、数年前にやはり雨漏りがあって瓦棒葺きの上に重ね葺きしたものだそうです。下層には瓦棒葺きが残っているはずです。この一文字葺き部分に関しては原因ではないことが判明していますが、取り合いの可能性を再検証しています。少し勾配が緩いことが気になります。

　浸出箇所上方の棟笠木部分からの吹き込みを検証しています。勾配が緩いので風雨の激しい時には憂慮される場所です。

　調査開始後3時間程度過ぎた頃、ある位置に散水してから15分程度経過した時に天井点検口付近から試験水が浸出してきました。

　その時の散水位置は図6のとおりです。瓦棒の立ち上がり部分に、アンテナ固定用の針金が取り付けられています。取り付け金具は瓦棒を横方向

Image text (inside figure):
今回の浸出位置の真上の位置
前回調査時に判明した原因箇所

図4　最上部の棟板金に散水開始

図5　天井点検口近くの野地板から雨水浸出

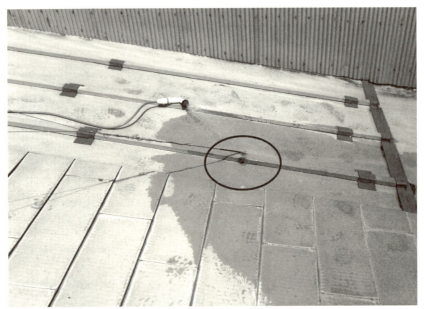

図6　TVアンテナ固定用針金の取り付け部に散水

に貫通し金具の露出部にはシリコンシーリングが打設されていました。ここから直接浸水しているようには見えませんでしたが、明らかにこの位置での散水で小屋裏に浸出してきます。小屋裏の浸出部位とは縦方向、横方向とも 1.5m 程度ずれていました。

【原因特定】

　瓦棒葺きといっても、新旧で構造が違っていたりするので、雨漏りとの関係もそれぞれです。今回の瓦棒葺きは心木があって、水返しはなく、キャップを被せているタイプのものであり、どちらかといえば単純な構造のものでした。

　通常、心木の高さを超えて雨水が2次防水であるアスファルトルーフィング面に到達する可能性は低いと思います。仮に2次防水層に雨水が到達しても、雨水はルーフィング面を下方に流れていき軒先から排出されます。

しかし、この建物は経年劣化により2次防水層は既に機能していません。もしも2次防水層に雨水が浸入した場合は、確実に雨漏りになります。その「もしも」はなぜ起こってしまったのでしょうか。

　屋根の主面となる溝板（葺板）は心木の手前で立ち上がっています。その外側にキャップと呼ばれる板金がかぶさっています。

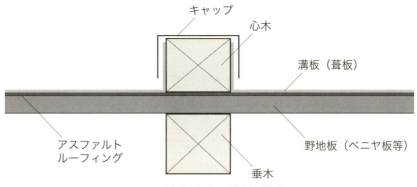

図7　瓦棒葺き屋根の横断面模式図

　その間には多少の隙間が存在しています。しかし、雨が下方から上に向かっていくことは通常ありませんので、隙間の存在自体に問題はありません。雨が多少の風で押し込まれても、そこを乗り越えることは少ないはずです。しかし、今回はアンテナの控えとして取り付けた貫通金具から雨が浸入しないようにと打設したはずのシリコンシーリングが仇となりました。シリコンシーリング材をたっぷりと打設したせいで、キャップの裏側にまで充填されて、雨水が滞留することになりました。雨水の流れを止めたせいで、雨水が板金の裏に回る手助けをしたことになりました。

　風向きの影響で雨は立ち上がりに押し付けられ気味に流れます。それだけで自然に立ち上がりを乗り越える条件が満たされるようです。その狭い隙間の中でシリコンは流れを堰き止めるダムの役割をしてしまったようです。溝板の立ち上がりの端末に到達した雨水は心木側に浸入していったのです。

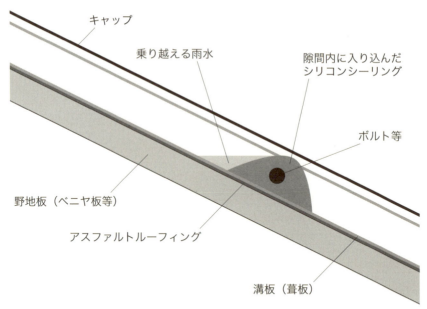

図8　瓦棒葺き屋根勾配と溝板立ち上がりを乗り越える雨水の関係

【対策】

　アンテナの控えの位置を影響のない部位に移動させ、今回の問題個所をあるべき形状に戻しました。キャップも一度取り外して内部のシリコーンシーリングは除去しました。かなり古い建物で、オーナーは改修工事や修理工事に前向きではありませんでした。それでも、雨漏りは止めたいという訳です。

　相談を受け、実際の状況を初めて見た時は、「今まで漏っていないことが不思議だ」と思われました。屋根の全てが被疑個所ではないのかとも思えるほどの条件下で、諦めない姿勢が最終的には全ての原因を突き止めることにつながった事例だと思います。

屋根軒先の雨仕舞いに要注意

屋根軒先の板金施工不良から雨水浸入

【事件概要】

〈建物種別〉

　木造戸建て住宅

〈構造〉

　木造 2.5 階建て（1 階部分半地下の駐車場）

〈外装仕上げ〉

　外壁＝モルタル仕上げ

　屋根＝スレート瓦仕上げ（ソーラーパネル取付）

　ベランダ＝ FRP 防水仕上げ

〈築年数〉

　築 18 年

〈雨漏り履歴〉

　3 年くらい前に気付き、建てた建設会社に相談。室内に点検口を取り付けたが、外部は手を付けなかったとのこと。

〈雨漏り状況〉

　雨天時に点検口から確認すると、天井裏に雨漏りが発生している。

図 1　雨水浸出位置

ヒアリングシート

現調日	2015 年　9 月　19 日　（土）　10 時　00 分			雨漏り診断士登録NO 20-0001
名　称	■■■■■■■■	お名前	■■■■■■■	高松洋平
住　所	■■■■■■■■■	TEL	■■■■■■■	

種別	**a. 戸建**　b. 集合住宅　c. ビル	用途	**a. 住居**　b. 会社　c. その他（　　　　）
構造	**a. 木造**（**軸組**・壁式）　b. 鉄骨（ALC・押出セメント・ラスシート）　c. RC・SRC　　（2）階建て		
建物経年	築造（ 18 ）年		
改修履歴	3年前に気が付いて、工務店に相談したが、点検口取付だけで、外部には手を付けずにいた		

種類・仕上	屋根	形状	**a. 寄棟**　b. 片流れ　　c. 切り妻　　d. 陸屋根　　e. 他（　　　　）
		材料	a. 瓦（和・洋・コンクリート・防災）　**b. スレート**　c. 金属　d. シングル e. コンクリート押さえ　f. ウレタン　g. シート　h. FRP　i. 他（　　　）
	外壁	種類	**a. モルタル**　b. サイディング（窯業・鉄・アルミ）　c. タイル貼り　d. ALC塗装 e. 他（　　　　）
		モルタル 仕上	**a. リシン**　b. 吹き付けタイル　c. ジョリパット　d. スタッコ e. 他（ 1度塗り替えをしている ）
		ベランダ	a. コンクリート押さえ（アス・シート・他／　　　　）　b. ウレタン c. シート　**d. FRP**　e. 他（ ＋保護モルタル ）

漏水状況	漏水箇所	a. 東　　b. 西　　c. 北　　d. 南　　e. 北西　　**f. 南東**　　g. 南西　　h. 北東
		（1）階の　天井裏(南東の角)
		a. 窓(出窓)上枠　**b. 天井**　c. 回り縁　d. 柱・梁　e. 点検口内　f. 鴨居　g. 床 他（　　　　）
		a. 東　　b. 西　　c. 北　　d. 南　　e. 北西　　f. 南東　　g. 南西　　h. 北東
		（　）階の
		a. 窓(出窓)上枠　**b. 天井**　**c. 回り縁**　d. 柱・梁　e. 点検口内　f. 鴨居　g. 床 他（　　　　）
	気付いたのは	3年前に気付いた　｜履歴｜ 9/10の台風時に漏れてきた　｜ 年に何回位 …（　　）回
	雨　質	時間 **a. 長** b. 中 c. 短　雨量 **a. 多** b. 中 c. 少　風の強さ a. 強 **b. 中** c. 弱
	漏水形態	a. 濡れる　　b. 染みる　　**c. 垂れる**　　d. 溜まる　｜ 溜る量
	漏水までの時間	降り始めてから漏水するまでのおおよその時間は …（　　）時間位
	止まるまでの時間	雨がやんでから漏水が止まるまでのおおよその時間は …（　　　）

摘　要

3年前に漏れてきた時に、工務店に相談したが、天井点検口を取り付けるのみで、外部は何もしていない。
外壁は、アクリル弾性リシンの上に塗り替え（スーパーWシリコン）。
外壁を塗り替える前は、藻が発生していたので、防藻防カビ塗料を塗装。

※雨漏り再現調査のお見積りを提出いたします。
※足場の仮設が必要になります。

ご自身で撮られた、写真や動画をお送り頂ける。

お見積りは、お伺いしてご説明いたします。

【原因調査】

〈雨漏り経緯〉

　雨水浸出位置は、1階の天井裏壁部分です。3年前に天井のシミ跡に気付いて建てた建設会社に相談をしたところ、室内に天井点検口を取り付けました。点検口から様子を見るとのことで、外部には手を付けなかったとのことです。風の影響はそれほど受けないように感じていて、雨量が多く長く降っている時に雨漏りが発生しているとのことでした。図2の丸部の天井裏から雨水が浸出しました。

〈雨漏り調査〉

1）現場調査及びヒアリングによる情報収集

　雨漏り調査の依頼を受け、下見とヒアリングをしました。外壁に塗膜の膨れ部があり、その膨れ部から雨水が浸出している状態です。また、屋根にはソーラーパネルが取り付けられていましたので、2階の屋根裏も確認

図2　漏れている部位を外部から確認

しましたが、ソーラーパネル取付のビス部分にシミ跡はありません。ただし、軒先部分にシミ跡は確認できました。

漏っている部位の縦方向に開口部がありません（2階のサッシは天井裏のシミ跡の付き方から見て可能性が低いと判断）。外壁の塗膜の膨れがあること、天井裏の軒先部にシミ跡があること、風の影響はあまりなく、雨量が多く長時間降り続く雨の時に雨漏りが発生することなどを考慮して、仮説を立てていくこととします。

図3　外壁の塗膜膨れ

図4　天井裏の軒先部シミ跡

2）仮説を立てる

仮説1

破風板の不具合から雨水が浸入し、アスファルトフェルトの上を通った雨水が、途中のアスファルトフェルトの不具合から天井裏に浸入するのではないかと疑います。

仮説2

屋根の軒先部分を疑います。軒先に何らかの不具合があり、そこから雨水が浸入している可能性を疑います。ソーラーパネルが設置されていますが、取付けのビス部分にシミ跡等はないため、ソーラーパネルの取付けビスが原因ではないと考えます。

　※散水調査時には念のため棟部分から散水を行い、天井裏を確認します。

3) 雨漏り調査の実施

図5 ソーラーパネル周辺に散水中

仮説1 の破風部分に散水調査を1時間半行いましたが、雨漏りの再現はありませんでした。

仮説2 の屋根部分の散水調査を行うと、1時間半後に雨水浸出を確認しました。ただし、想定通り2階屋根裏のソーラーパネルのビス部分にシミ跡や雨水の浸出はありませんでした。

【原因特定】

散水調査の結果から、本件の雨漏りメカニズムは、仮説2 の通り、建物形状から屋根軒先の入隅となる部分の唐草板金の加工不具合箇所から雨水が下地へと引き込まれ、軒の出がないことも重なり、そのままアスファルトフェルトの裏に廻り、1階の天井裏から浸出していると考えられます。

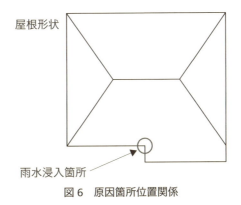

屋根形状

雨水浸入箇所

図6 原因箇所位置関係

【対策】

寄棟屋根の水下部分に不具合があると想定されますので、部分的に屋根

図7　板金の納まり不具合

図8　ケラバ板金撤収後

を撤去するのではなく、下が
り棟と下がり棟で囲まれてい
る屋根を撤去して修繕を行い
ます。ソーラーパネルも撤去
し、スレート瓦を撤去すると、
軒先の板金部分に不具合があ
りました。

図9　正しい納まり

　図7矢印部分の板金の納ま
りが逆に折り曲げてあります、
本来は矢印の部分が下になる
のが雨仕舞いとして正しい納
まりです。これでは防水シー
トの上を通ってきた雨水は板
金の下に飲み込まれてしまい
ます。雨水の浸入には材料の
上下が重要です。

　また図8の板金を撤去する
と、水切りが縁切りされてい
ないだけでなく、ケラバに折

図10　工事完了後の確認散水

り曲げて載せている状態になっています。

　本来の雨水が入らない状態に施工します（図9）。工事後に再度散水を1
時間半行い、漏れてこないことを確認して、無事雨漏り修理が完了しまし
た。

内樋は雨漏りの常習犯

内樋のオーバーフローによる雨水浸入

【事件概要】

〈建物種別〉

個人住宅

〈構造〉

木造在来工法　2階建て

〈外装仕上げ〉

モルタル下地＋吹付けタイル仕上げ

〈築年数〉

約30年

〈雨漏り履歴〉

半年ほど前に1階トイレ窓枠から漏水。その前に壁にシミが発生していた。

〈雨漏り状況〉

1階トイレの天井（壁際）、トイレ窓下のクロスにシミ。雨漏りがひどいときには床にも溜まる（壁際）。

また、その真上の階段室壁にもクロスにシミが発生している。

図1　室内の雨水浸出位置

ヒアリングシート

現調日	2009年　2月　4日　（水）　10時　00分	雨漏り診断士登録NO 20-0076

名　称	████████	お名前	██████	倉方康幸

住　所	████████	TEL	██████	

種　別	(a.戸建)　b.集合住宅　c.ビル	用　途	a.住居　b.会社　c.その他（　　　）

構　造	(a.木造)(軸組)・壁式）　b.鉄骨（ALC・押出セメント・ラスシート）　c.RC・SRC　（２）階建て

建物経年	築造（　約30　）年

改修履歴	不明

種類・仕上	屋根	形状	(a.寄棟)　b.片流れ　　c.切り妻　　d.陸屋根　　e.他（　　　）
		材料	a.瓦（和・洋・コンクリート・防災）　b.スレート　(c.金属)　d.シングル e.コンクリート押さえ　f.ウレタン　g.シート　h.FRP　i.他（　　　）
	外壁	種類	(a.モルタル)　b.サイディング（窯業・鉄・アルミ）　c.タイル貼り　d.ALC塗装 e.他（　　　）
		モルタル仕上	a.リシン　(b.吹き付けタイル)　c.ジョリパット　d.スタッコ e.他（　1度塗り替えをしている　）
		ベランダ	a.コンクリート押さえ（アス・シート・他／　　　　）　b.ウレタン c.シート　d.FRP　e.他（　＋保護モルタル　）

漏水状況	漏水箇所	(a.東)　b.西　c.北　d.南　e.北西　(f.南東)　g.南西　　h.北東
		（１）階の　トイレ
		(a.窓（出窓）上枠)　(b.天井)　c.回り縁　d.柱・梁　e.点検口内　(f.鴨居)　g.床 他（　　　）
		(a.東)　　b.西　c.北　d.南　e.北西　f.南東　　g.南西　　h.北東
		（２）階の　階段室壁にシミ
		a.窓（出窓）上枠　b.天井　c.回り縁　d.柱・梁　e.点検口内　f.鴨居　g.床 他（　　　）
	気付いたのは	半年ほど前	履歴	数回		年に何回位 …（　　　）回
	雨　質	時間　(a.長)(b.中) c.短	雨量　(a.多)b.中 c.少	風の強さ　a.強 b.中 c.弱
	漏水形態	a.濡れる　　b.染みる　　(c.垂れる)　(d.溜まる)	溜る量
	漏水までの時間	降り始めてから漏水するまでのおおよその時間は…（　1　）時間位
	止まるまでの時間	雨がやんでから漏水が止まるまでのおおよその時間は…（　不明　）

摘　要

・しっかりとした雨の時に雨漏り
・天井、壁のクロスにシミ
・ひどい時には床に溜まる→壁際
・トイレ窓上の階段室壁にもシミ

【原因調査】

〈雨漏り経緯〉

　平成20年秋に初めて雨漏りを発見しました。雨水浸出位置は、1階トイレ窓です。その窓を中心に天井、壁のクロスにシミが発生しているのに気づいたとのこと（雨漏り発見前）。トイレ窓の垂直方向真上に階段室があり、その壁にもクロスのシミを確認（お客様は気がついていませんでした）。

　トイレのクロスのシミも増えて、カビ臭もするようになってきました。

〈雨漏り調査〉

1) 現場調査及びヒアリングによる情報収集

　雨漏り調査の依頼を受け、下見（状況確認）とヒアリング（情報収集）をした結果、雨水浸出時における状況は風などには関係なく、長雨、強い雨など雨量の多い時に雨漏りが発生するとのことです。

　建物の状況を確認すると、屋根は寄棟、金属板屋根（平葺き）、そして内

図2　内樋の状況

樋になっているのがわかりました。内樋タイプの建物はその構造上、一番雨の溜まる場所が建物内部にあるということから、雨漏りのウィークポイントになりやすいです。また1階トイレサッシ上には、板金の霧よけがあります。

2）仮説を立てる

仮説1

1階トイレサッシ上の霧よけと外壁の取り合いを疑います。

建物の構造上、軒の出幅が少ないことから、風などの影響なしに雨が壁を伝い、霧よけと外壁取り合い部分に雨水がかかることを想定します。そして霧よけと外壁モルタルの隙間における毛細管現象などから雨水が吸い上げられ、築年数から想定される2次防水の脆弱性（防水テープを使用しているのかやアスファルトフェルトの耐久性）や霧よけ板金の劣化（錆発生でのピンホール、取付けの釘孔）から窓上の枠などに雨水が浸出する可能性を疑います。

仮説2

1階トイレの垂直方向真上の階段室壁のシミも確認されていることから、そこから上の部位を疑います。シミの上は屋根となっており、そこには内樋があります。内樋は雨が降ると屋根から流れてくる大量の雨水を受け、また捌かなくてはいけない役割のため、その部分に何らかの不具合が発生していると即雨漏りにつながる可能性が高いからです。

3）雨漏り調査の実施

仮説を元に散水調査を実施しました。

まずは 仮説1 を検証するために1階トイレサッシ上の霧よけと外壁取り合いに散水します。1.5時間散水しましたが、漏水は確認されませんでした。続いて 仮説2 を検証するために内樋に散水しました。

散水開始後、約30分後に1階トイレサッシ上に漏水が確認されました。

図3　霧よけに散水中

図4　内樋に散水中

【原因特定】

　内樋は板金で作られており、板金同士の接合部に不具合が発生していました。少量の雨では雨水浸出しなかったのは、接合部の底部分に不具合があるのではなく、立上がり部分に不具合があったためと思われます（雨量が増えると内樋の水位が上がり、オーバーフローして雨漏りが発生するメカニズム）。

　この結果から、2階階段室壁におけるクロスのシミも内樋からの雨水浸入が原因であると判断しました。内樋の不具合部分から雨水が建物内部に

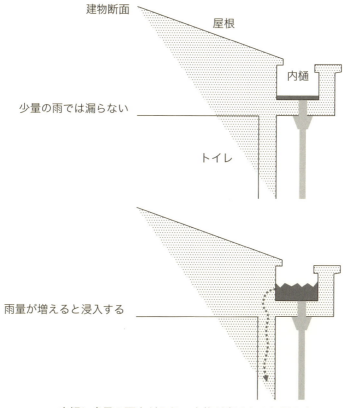

内樋に多量の雨水が入り、水位が高くなると浸入する。
内樋の比較的高い位置に不具合があると判断する。

図5　雨漏りのメカニズム

浸入していることは間違いなく、2階階段室壁にシミが発生しているのは断熱材が吸水して湿潤、その結果石膏ボードにカビが発生して、クロスの表面にシミが発生しているものと考えられます。2階部分で2次防水の内側を流れる雨水は1階サッシ上で遮られ、サッシ上から漏水したと考えられます。またその雨水がサッシ脇から流れ、その下のクロスのシミや床に漏水させていると考えられます。

【対策】

　内樋部分に不具合があるのであればその部分を交換、補修すれば雨漏りは解決しますが、建物が内樋である以上、いずれまた雨漏りする可能性が否定できません。したがって内樋に雨水が流れ込まないように屋根を伸ばし、新たに軒樋を新設することをご提案しました。この方法であれば今回の雨漏りは根本的に解決されます。

　屋根を伸ばすために下地を組んでいます（図6）。

図6　内樋から外樋に変更するために屋根を延長

完成です（図7）。

図7　内樋から外樋に変更

トップライトは屋根にあけた穴
トップライトまわりコーナー部から雨水浸入

【事件概要】

〈建物種別〉

　　個人住宅

〈構造〉

　　木造在来工法　2階建て

〈外装仕上げ〉

　　外壁＝モルタル下地＋吹付けタイル仕上げ

　　屋根＝平板スレート瓦

〈築年数〉

　　約25年

〈雨漏り履歴〉

　　2012年夏頃に屋根に取り付けてあるトップライト下のクロスが剥がれかかっているのを発見。その後、雨の時に確認するとクロスと石膏ボードが濡れていた。

〈雨漏り状況〉

　　トップライト右下部分のクロスが剥がれかかっている。また石膏ボードにはシミがあり、壁には当該部分から流れたと思われる雨筋も確認。

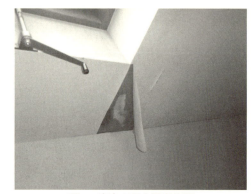

図1　室内の雨水浸出位置

ヒアリングシート

雨漏り診断士登録NO 20-0076

現調日	2013 年 10 月 26 日 （土）　14 時 00 分		
名　称	████████████	お名前	████████ 倉方康幸
住　所	████████████	TEL	████████
種　別	ⓐ戸建　b. 集合住宅　c. ビル	用　途	ⓐ住居　b. 会社　c. その他（　　　）
構　造	ⓐ木造（軸組）・壁式）　b. 鉄骨（ALC・押出セメント・ラスシート）　c. RC・SRC　　（ 2 ）階建て		
建物経年	築造（　約25　）年		
改修履歴	正確には不明（10 ～ 15 年ほど前に外装塗装したとのこと）		

種類・仕上	屋根	形状	a. 寄棟　b. 片流れ　ⓒ切り妻　d. 陸屋根　e. 他（　　　）
		材料	a. 瓦（和・洋・コンクリート・防災）　ⓑスレート　c. 金属　d. シングル e. コンクリート押さえ　f. ウレタン　g. シート　h. FRP　i. 他（　　　）
	外壁	種類	ⓐモルタル　b. サイディング（窯業・鉄・アルミ）　c. タイル貼り　d. ALC 塗装 e. 他（　　　）
		モルタル仕上	a. リシン　ⓑ吹き付けタイル　c. ジョリパット　d. スタッコ e. 他（ 1 度塗り替えをしている ）
		ベランダ	a. コンクリート押さえ（アス・シート・他／　　　）　b. ウレタン c. シート　d. FRP　e. 他（ ＋保護モルタル ）

漏水状況	漏水箇所	a. 東　b. 西　c. 北　ⓓ南　e. 北西　f. 南東　g. 南西　h. 北東
		（ 1 ）階の　天井裏（南東の角）
		a. 窓（出窓）上枠　ⓑ天井　c. 回り縁　d. 柱・梁　e. 点検口内　f. 鴨居　g. 床 他（　　　）
		a. 東　b. 西　c. 北　d. 南　e. 北西　f. 南東　g. 南西　h. 北東
		（　）階の
		a. 窓（出窓）上枠　b. 天井　c. 回り縁　d. 柱・梁　e. 点検口内　f. 鴨居　g. 床 他（　　　）

	気付いたのは	3 年前に気付いた	履歴	9/10 の台風時に漏れてきた	年に何回位 …（ 1 ～ 2 ）回
	雨　質	時間 ⓐ長 b. 中 c. 短	雨量 ⓐ多 b. 中 c. 少	風の強さ a. 強 b. 中 c. 弱	
	漏水形態	ⓐ濡れる　b. 染みる　c. 垂れる　d. 溜まる	溜る量	
	漏水までの時間	降り始めてから漏水するまでのおおよその時間は …（ 不明 ）時間位			
	止まるまでの時間	雨がやんでから漏水が止まるまでのおおよその時間は …（ 不明 ）			

摘　要

・1 年ほど前にトップライト下部のクロスが剥がれかかっているのを発見
・その後、雨の時に見るとクロス、ボードが濡れていた

【原因調査】

〈雨漏り経緯〉

　雨水浸出位置は、ロフトの斜め天井、トップライトが取り付けられている右下です。漏水形態はクロス下地の石膏ボードが濡れ、その下のクロスに微量ながら雨水が流れる程度です。

〈雨漏り調査〉

1）現地調査及びヒアリングによる情報収集

　下見とヒアリングをした結果、普段使用していない部屋なので、降り始めてからどの程度で漏水するのか、雨が止んでからどの程度で止まるのかなどは不明です。雨漏りが発生するときは風が強いときとは限らず、比較的長雨など雨量の多いときに発生するとのことです。室内の状況ですが、トップライト直下の木枠にはシミや水が流れた跡は見あたりません。しかしトップライト上の天井クロスには雨水によるものとみられるクロスのハ

図2　雨水浸出位置の外側

ガレが確認できました。屋根の状況は、屋根材に割れなどもなく、棟板金もある状態。トップライトにかかる水を捌く板金も施工されており、目視段階での所見はありません。

2）仮説を立てる

仮説1

　雨水が浸出している場所は、屋根の直下ということで、雨水浸入位置が屋根であることは間違いないです。風などの影響というよりは、屋根にかかる雨量の多い少ないが雨漏りの有無を左右していると思われます。雨量の多い雨の時に平板スレート瓦の裏側に雨水が浸入（1次防水を突破）し、アスファルトルーフィング（2次防水）の上を流れる雨水が経年などによるアスファルトルーフィングの不具合部、またはトップライト周りの2次防水不具合部から浸入したという可能性を疑います。

仮説2

　トップライトは通常のサッシと同様に、アルミ枠とガラスの組み合わせでできています。水平方向に取り付けられているトップライトはそれだけでも雨水を受ける量も多く、また屋根という性格上、紫外線などによるシーリング材やパッキンといった部材の劣化も促進されます。したがってトップライト本体の不具合も疑わなくてはなりません。しかしながら室内のクロスの傷み方からトップライト本体からの雨水浸入の可能性は低いと考えます。

3）雨漏り調査の実施

　屋根の勾配が 45° の矩勾配ということもあり、散水調査を実施する場合でも、仮設足場が必要な現場状況です。また、 仮説1 と 仮説2 を散水調査にて切り分けするのは物理的に不可能（周りを養生し、トップライトだけ散水しても必ず屋根材下に水が回り込んでしまうため）なため散水調査は実施せず、屋根材を剥がしながら2次防水の不具合を確かめる解体調査という方法をとりました。

　トップライトの可動部分を取り外し、トップライト本体の不具合がない

かを確認します。棟から窯業系スレート瓦を剥がしていき、2次防水の不具合を確認していきます。

　屋根材を剥がしていくと、捨て板金が出てきました。この捨て板金の立上がりの部分（赤丸部分）にアスファルトルーフィングの破断が確認されました。このことから、ここが雨水浸入位置と断定しました。

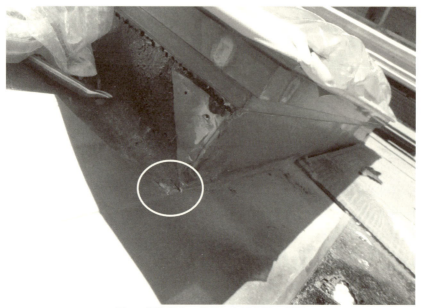

図3　解体調査で発見した雨水浸入位置

【原因特定】

　解体調査の結果から本件の雨漏りのメカニズムは 仮説1 であることがわかりました。この部分は野地板（平面）とトップライト取付け枠（立上がり）の交点となっている部分であり、アスファルトルーフィング（2次防水）のピンホールができてしまう部分です。解体を進めていくとピンホール対策として伸縮性のある防水テープなどは施工されておらず、シーリングで塞いでいる状況でした。このことから、このシーリングの経年劣化による雨水浸入と特定しました。

【対策】

　アスファルトルーフィング（2次防水）を再施工し、野地板とトップライト取付け枠の部分には伸縮性のある防水テープを施工。窯業系スレート瓦を復旧して完了しました。

　作業終了後、確認のための散水調査を実施しました。散水調査を実施することにより、仮説1 の修理確認と 仮説2 の排除が実証されました。

図4　作業終了後の散水調査

トップライト

矩勾配屋根

原因箇所

水上側

水下側

図5　雨漏りのメカニズム

Case 1-5W 屋根・軒先

屋根の立ち上がり谷樋の下に破れあり

屋根下葺き材の破断個所から雨水浸入

【事件概要】

〈建物種別〉

戸建て住居

〈構造〉

木造　2階建て

〈外装仕上げ〉

外壁＝ラスモルタル＋吹き付けタイル仕上げ

屋根＝平板スレート瓦（コロニアル）

〈築年数〉

18年

〈雨漏り履歴〉

数年前から1階洗面所の出窓天井に、時々雨漏りが発生していました。昨年、外壁と屋根の塗装を行った後、しばらくの間、雨漏りは確認されませんでしたが、今年になってからまた同じ場所から雨漏りが始まりました。

〈雨漏り状況〉

雨が降り始めてから数時間後、1階の出窓天井から雨漏りが発生します。一定の間隔で水滴が出窓の面台に落下し続けます。タオル数枚が水浸しになるほど濡れることもありますが、ほんの数滴だけの時もあります。降り始めから数時間経過しないと発生しません。長雨、大雨、強風を伴う雨の時に発生する傾向があります。

ヒアリングシート

現調日	H25年 10月 ███████████		雨漏り診断士登録NO 19-0014

名 称	██████████████	お名前	████████	藤田裕二

住 所	████████████████	TEL	██████████

種 別	(a.) 戸建 b. 集合住宅 c. ビル	用 途	(a.) 住居 b. 会社 c. その他（1階店舗）

構 造	(a.) 木造（(軸組)・壁式） b. 鉄骨（ALC・押出セメント・ラスシート） c. RC・SRC （2）階建て

建物経年	築造（ 18 ）年

改修履歴	昨年外装塗装

種類・仕上	屋根	形状	a. 寄棟 b. 片流れ (c.) 切り妻 d. 陸屋根 (e.) 他（ドーマー状立上り屋根付）
		材料	a. 瓦（和・洋・コンクリート・防災） (b.) スレート c. 金属 d. シングル e. コンクリート押さえ f. ウレタン g. シート h. FRP i. 他（ ）
	外壁	種類	(a.) モルタル b. サイディング（窯業・鉄・アルミ） c. タイル貼り d. ALC塗装 e. 他（ ）
		モルタル仕上	a. リシン (b.) 吹き付けタイル c. ジョリパット d. スタッコ e. 他（ 1度塗り替えをしている ）
		ベランダ	a. コンクリート押さえ（アス・シート・他／ ） b. ウレタン c. シート d. FRP e. 他（ ＋保護モルタル ）

漏水状況	漏水箇所	a. 東 b. 西 (c.) 北 d. 南 e. 北西 f. 南東 g. 南西 h. 北東
		（1）階の｜ 洗面所
		(a.) 窓（出窓）上枠 b. 天井 c. 回り縁 d. 柱・梁 e. 点検口内 f. 鴨居 g. 床 他（ ）
		a. 東 b. 西 c. 北 d. 南 e. 北西 f. 南東 g. 南西 h. 北東
		（ ）階の｜
		a. 窓（出窓）上枠 b. 天井 c. 回り縁 d. 柱・梁 e. 点検口内 f. 鴨居 g. 床 他（ ）
	気付いたのは	翌朝 ｜ 履歴 ｜ 数回あり ｜ 年に何回位 …（2～3）回
	雨 質	時間 (a.) 長 (b.) 中 c. 短 ｜ 雨量 (a.) 多 b. 中 c. 少 ｜ 風の強さ (a.) 強 b. 中 c. 弱
	漏水形態	a. 濡れる b. 染みる (c.) 垂れる d. 溜まる ｜ 溜る量
	漏水までの時間	降り始めてから漏水するまでのおおよその時間は …（ 不明 ）時間位
	止まるまでの時間	雨がやんでから漏水が止まるまでのおおよその時間は …（ 不明 ）

摘 要

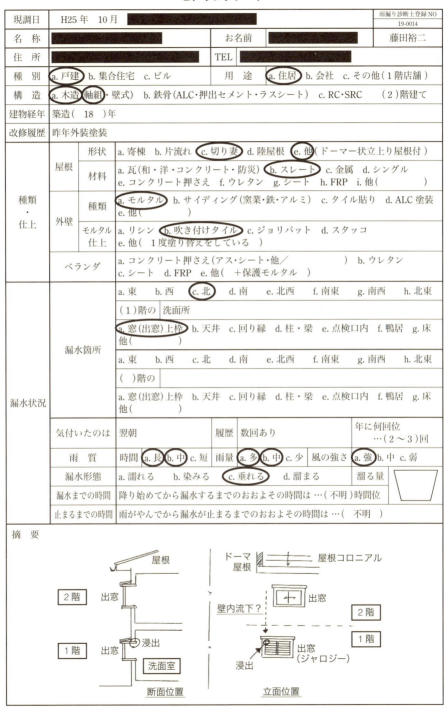

断面位置　　　　　　立面位置

【原因調査】

〈雨漏り経緯〉

　雨漏りは過去数年に渡り発生していました。以前、対応していた業者の意見もあり、外壁のクラックが原因ではないかということで、昨年、外壁の塗り替えを行いました。その後しばらくは雨漏りしていなかったようですが、昨夜の雨でまたしても雨漏りが始まりました。雨漏りの量は以前とあまり大きな変化はないということで、原因は外壁ではなかった可能性も考えられますが、結論は出せませんでした。八方塞がりとなって連絡が入りました。

〈雨漏り調査〉

1）現場調査及びヒアリングによる情報収集

　雨漏り調査の依頼を受け、下見とヒアリングを実施しました。雨漏り位置は、1階洗面所にある出窓の天井面1ヶ所のみで、現在も過去も場所は変わっていないとのことです。

　大雨の時に多く発生しますが、必ず雨漏りが発生するとは限らないということです。大雨ではなくても、北方向からの風が強い時には雨漏は発生しているとのことです。

　外装を目視しても、外壁塗装面にクラックは見当たらず、当該出窓の他に2階にも出窓や換気扇があります。その上部には屋根で軒が出ています。軒の出は40cmほどで、仕上げは外壁と同じくラスモルタルの上に吹き付けタイル仕上げです。

2）仮説を立てる

　一般的に木造住宅の雨漏りでは、雨漏りの発生位置からおおよそ上方に原因箇所が存在している可能性が高いと考えられます。今回もそういった傾向を基に、原因箇所を推測しました。通常の雨で発生せず、風を伴う時には発生するということから考慮して、屋根の軒下に隠れる部位ではないかという可能性を考え、散水順序を計画しました。

　仮説1 当該出窓の庇（出窓屋根）の先端部及び根本付近

仮説2 2階の半外サッシや2階の出窓廻り（窓本体と外壁の取り合いや
庇廻り）

仮説3 丸型換気扇廻り

仮説4 屋根廻り（軒先他）

3）雨漏り調査の実施

散水調査のセオリーとして、下方の推測箇所から散水を行います。初日は壁廻りの可能性（仮説1 ～ 仮説3 ）を潰していく作業としましたが、結果は出ませんでした。

翌日、散水箇所を屋根廻り（仮説4 ）に切り替えて調査を再開しました。

朝から始めた散水調査でしたが、昼近くに雨漏り現象が再現されました。ドーマー状屋根の立ち上がり面に散水して1時間ほど経過した頃に2階小屋裏内、軒先の内側に調査水がしたたり落ちてきました。

図1　小屋裏の雨漏り再現状況

そこは手を伸ばしてデジカメ撮影でしか確認できない位置だったため、すぐに気づくことができませんでした。

この後、軒裏に溜まった水は壁内部に落下し、ほぼ真下に位置する1階の出窓まで伝い落ちて行き、当該雨漏り箇所から浸出しました。その時、2階の居室内には何ら雨漏りの事象が確認されませんでしたが、それは壁内の断熱材と外壁内側との間の隙間を水が通ったことにより、室内側には影響がなかったということも分かりました。

問題はどちらかというと、散水位置から軒裏内部までの経路の方です。雨水浸入口がはっきりしません。外側に外傷などはなく何も読み取れないので、浸水口を目視するべくコロニアルなどを取り外してみることにしました。まずはコロニアルから撤去します。

図2　原因を確認するためコロニアルを取り外す

ルーフィングと唐草が見えてきました。そして、ルーフィング面を水が流れていた形跡がありました。しかし、直接の浸入口ではないようです。

更に立ち上がり側のコロニアルも剥がしていきます。谷樋の立ち上がり面にも雨染みがありました。状況から察するに上方から流れてきた水の跡ではないようで、立ち上がり面の隙間内で行き場を失って雨がせりあがっていたようにも見えます。ここを雨は乗り越えたのでしょうか。

図3　谷樋の現況

　しかし、ここは大きな問題ではなかったことが後で判明します。

　というのも、この下に更に谷樋があったからです。

　仮にコロニアル用の谷樋を雨が乗り越えたとしても、本来の谷樋が雨を受け止めて軒先まで運んでくれるというわけです。このままではまだ原因が分からないため、もう少し部材を取り外してみます。

　その後、コロニアル用の谷樋を撤去、谷樋の上のコロニアルも撤去、谷樋まで取り外した結果、ようやく入り口と考えられるルーフィングの破断箇所が出てきました。周辺のルーフィングは埃っぽく、浸水の形跡が確認できます。この穴は唐草（水切り金物）の端末が接触したことで開いたも

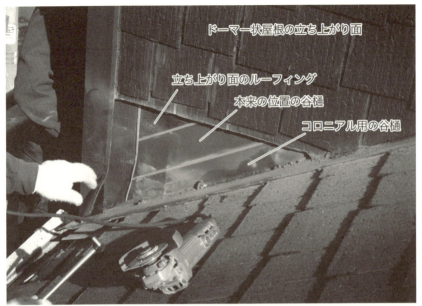

ドーマー状屋根の立ち上がり面

立ち上がり面のルーフィング

本来の位置の谷樋

コロニアル用の谷樋

図4　二次防水と谷樋の納まり状況

図5　ルーフィング材の破断状況

のようです。おそらく孔自体は新築時から存在していたのではないでしょうか。

　次にルーフィングも剥がします。

図6　ルーフィング裏への浸水の跡

　やはり下地のベニヤ板にも浸水していた形跡が読み取れました。

【原因特定】

　過去の塗装の影響などにより水はけ機能が低下したコロニアル内に浸入した雨はルーフィング面を下り、軒先に流れ着きます。唐草のわずかな段差の影響で一部の雨水は横方向にも広がったようです。

　唐草金物の端末には、金物取り付け時の不手際で開いたと思われる穴があったため、雨量によっては小屋裏内に浸水していたもようです。1階の洗面室までは距離が長いため、浸水＝雨漏り、ということにはならないケースも多かったのではないでしょうか。大雨、長雨、そして強風により屋

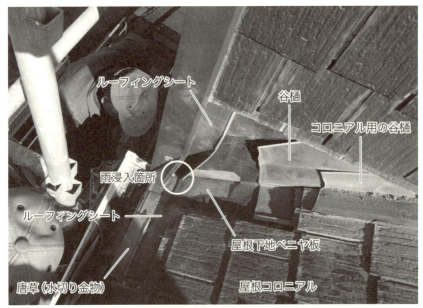

ルーフィングシート

谷樋

コロニアル用の谷樋

雨浸入箇所

ルーフィングシート

屋根下地ベニヤ板

唐草（水切り金物）

屋根コロニアル

図7　浸入箇所周辺の位置関係

根面に押し付けられるような雨の時、コロニアル内の雨量が増えた時に発生していたと考えられます。孔の存在はあったのに、新築の頃は雨漏りしていなかったのは、コロニアル内を流れる雨が多くなかったのだと思いますし、排水もうまく機能していたのだと思われます。しかし、経年の影響や通気緩衝材を用いない塗装などの影響で、コロニアル内に浸入した雨は、排出されにくくなり、先端に到達する雨量が増えてしまったことが近年において雨漏りにつながった原因だったのではないかと推測します。なお、雨漏りの原因は、最初の推測の選択肢の一つでしたが、浸入口の形成原因については驚かされました。

　ここで、原因調査時の最初の写真に立ち返って見てみると、調査水が唐草の上で少し停滞していることが窺えます。この停滞時間が横方向への拡散と建物への浸入の機会を与えていたようです。そして、雨量が多い時は、谷樋側からの雨水も唐草側に溢れていたのかもしれません。

ここから浸入した雨はルーフィングの破断箇所から
小屋裏に流れ込む

図8　浸入経路の考察

いずれにしても、ルーフィングの破断がなければ、雨漏りは発生しなかったと考えられます。2次防水（ルーフィング）は最後の砦であり、そもそもそこに雨漏りの原因が存在していたことは、大変残念であったと言わざるを得ません。

【対策】

2次防水を改善させ、新規に谷樋も差し込みます。その上で表層にはガルバリウム鋼板を取り付けて復旧させました。

図 9　修繕後の外観

丸いヤツには気をつけろ

丸形ベンドキャップまわりから雨水浸入

【事件概要】

〈建物種別〉

　個人住宅

〈構造〉

　木造在来工法　3階建て

〈外装仕上げ〉

　外壁＝モルタル下地＋吹き付けタイル

〈築年数〉

　12年

〈雨漏り履歴〉

　2015年5月頃　築12年目に初めて雨漏りが発生。風の強い時に床と巾木の間から雨水浸出。

〈雨漏り状況〉

　窓枠右の壁面・クロスにカビのようなシミが発生しています。

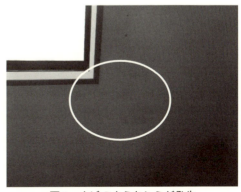

図1　カビのようなシミが発生

ヒアリングシート

現調日	2015 年　6 月　11 日　（木）　　時　　分				雨漏り診断士登録NO 20-0006
名　称	████████		お名前	████████	倉方康幸
住　所	████████		TEL	████████	
種　別	（a. 戸建）　b. 集合住宅　c. ビル		用　途	a. 住居　b. 会社　c. その他（　　　　）	
構　造	（a. 木造）（軸組）・壁式）　b. 鉄骨（ALC・押出セメント・ラスシート）　c. RC・SRC　　（3）階建て				
建物経年	築造（　12　）年				
改修履歴					

種類・仕上	屋根	形状	a. 寄棟　　b. 片流れ　　c. 切り妻　　d. 陸屋根　　e. 他（ 切り妻・内樋 ）
		材料	a. 瓦（和・洋・コンクリート・防災）　b. スレート　c. 金属　d. シングル　e. コンクリート押さえ　f. ウレタン　g. シート　h. FRP　i. 他（　　　）
	外壁	種類	（a. モルタル）　b. サイディング（窯業・鉄・アルミ）　c. タイル貼り　d. ALC 塗装　e. 他（　　　）
		モルタル仕上	a. リシン　（b. 吹き付けタイル）　c. ジョリパット　d. スタッコ　e. 他（　　　）
	ベランダ		a. コンクリート押さえ（アス・シート・他／　　　　）　b. ウレタン　c. シート　d. FRP　e. 他（ ＋保護モルタル ）

漏水状況	漏水箇所	a. 東　（b. 西）　c. 北　　d. 南　　e. 北西　　f. 南東　　g. 南西　　h. 北東
		（2）階の　リビング床
		a. 窓（出窓）上枠　b. 天井　c. 回り縁　d. 柱・梁　e. 点検口内　f. 鴨居　（g. 床）　他（　　　）
		a. 東　　b. 西　　c. 北　　d. 南　　e. 北西　　f. 南東　　g. 南西　　h. 北東
		（　）階の
		a. 窓（出窓）上枠　b. 天井　c. 回り縁　d. 柱・梁　e. 点検口内　f. 鴨居　g. 床　他（　　　）

	気付いたのは	2015 年 5 月	履歴		横風 1	年に何回位 …（　　）回	
	雨　質	時間	a. 長 b. 中 c. 短	雨量	a. 多 b. 中 c. 少	風の強さ	a. 強 b. 中 c. 弱
	漏水形態	（a. 濡れる）　b. 染みる　c. 垂れる　d. 溜まる				溜る量	
	漏水までの時間	降り始めてから漏水するまでのおおよその時間は …（　　　）時間位					
	止まるまでの時間	雨がやんでから漏水が止まるまでのおおよその時間は …（　　　）					

摘　要
・風の強い雨の時
・床と巾木のとりあい部分から漏水
・クロスにシミがある

【原因調査】

〈雨漏り経緯〉

　雨水浸出位置は、2階リビングの巾木と床の取り合い部分です。

　雨漏りを発見する前から、クロスにシミが発生しており、徐々に広がっているのを認識していましたが、雨漏りとは思わず、放置していたとのことです。その後、クロスの貼り換え工事を行いましたが、工事完了後、強い風を伴う雨が降った際、床に雨水が浸出していることを発見し、以前からクロスにあったシミの原因が雨漏りであることに気付きました。貼り替えたばかりのクロスにもシミができました。

〈雨漏り調査〉

1）現場調査及びヒアリングによる情報収集

　雨漏り調査の依頼を受け、下見（状況確認）とヒアリング（情報収集）をした結果、強い風を伴う雨の際に雨漏りすることがわかりました。いわ

図2　窓の右側に雨漏りシミを確認（丸囲み）。その上には換気口があるのが確認できる（矢印）

ゆる普通の雨では長時間降り続いた場合でも雨水浸出には至りませんが、クロスのシミは徐々に増えているとのことです。

　雨漏りしている部屋の外側を確認すると、換気口の外部には丸型の換気フード（ベンドキャップ）が取り付けられていました。この部分は雨がかり（風雨にさらされる場所）であり、しかも地上から約5メートルの高い場所にあるため、雨漏りに対するリスクが非常に高い状態です。

図3　換気口外側の丸型換気フード

2）仮説を立てる

仮説1

　当該箇所の窓サッシと外壁の取り合い部分を疑います。強い風雨の時に、サッシと外壁の取り合いから、モルタル外壁の内部に雨水が浸入し、2次防水の不備・不具合から毛細管現象などで室内側に雨水がまわりこんでいる可能性を疑います。

仮説2

　丸型の換気フード（ベンドキャップ）を疑います。フードまわりのシーリングが劣化して、スリーブの貫通部まわりから雨水が浸入している可能性があります。また、丸型の換気フードは本来雨がかりの場所には使用不可の部材です。横殴りの雨の際、換気口に雨水が浸入し、雨漏りの原因になるリスクが極めて高いからです。

仮説3

　上階である3階の窓サッシ及びサッシまわりを疑います。当該雨水浸出位置の垂直方向に位置しており、3階サッシから2階サッシの間において、2次防水に何らかの不具合があり、そこから雨水が浸入し、雨漏りが発生している可能性があります。ただし、この経路の場合は、2階サッシの上部に雨水が浸出する可能性が高く、仮説1 仮説2 と比較して被疑箇所としての優先順位は低く考えます。が、雨水浸出位置の真上にある開口部であり、可能性は捨てきれません。

3）雨漏り調査の実施

　過去に2回しか雨水浸出していないということと、クロスを貼り替える予定であるというお客様の意向をふまえ、散水調査をする前に室内の壁を解体し内部を確認しました。

　窓脇の石膏ボードを撤去します。すると腐朽菌が壁内で繁殖しているのが確認できました。

　さらに上部を解体しました。

　換気フードを取り付けているスリーブ（塩ビ管）の内部を確認すると、明らかに雨水が流れた跡がみられました。さらに解体を進めていくと、換気フードより上の部分には濡れている形跡や腐朽菌などは一切なく、健全な状態であることが確認されました。

　ここまでの状況を整理しますと、

　①換気フードよりも上は、壁内の状態は健全（濡れている形跡など一切なし）

図4　解体作業中

図5　換気口まで解体

図6　換気口から上は雨水が浸入した形跡はない

②換気フードを取り付けているスリーブの内部に明らかに雨水に濡れた
　形跡がある。

③腐朽菌やクロスのシミ、断熱材のシミは換気フードより下に集中して
　おり、その他には雨水が浸入した形跡は見られない。

　これらのことから、散水調査を実施するまでもなく、雨水浸入位置は換
気フードだと判断しました。雨漏りのメカニズム及び雨水浸入経路は、強
い風を伴う雨が降った際に、横なぐりの雨が丸型換気フードの内部に入り
込み、スリーブの中を通って室内側に浸入します。壁の内部を流れ落ちた
雨水が断熱材やクロスを濡らしてシミを発生させ、最終的には巾木と床の
間から漏水が発生したと考えられます。本来は風雨の影響を強く受ける部
位には使用すべきではない丸型の換気フードを使用したことが、雨漏りの
原因となった事例と言えます。

【対策】

　雨がかりに適さない丸型換気フードを、雨がかりに使用可の深型防雨タイプの換気フードに交換しました。

図7　丸型の換気フードから深型防雨タイプの換気フードに交換

図8　作業完成

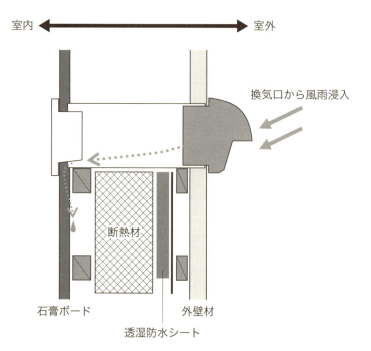

図9　壁面を貫通するパイプを通り、石膏ボード部分へ浸水

ストライク(受座)がアウトだった

ガラス扉の受座から雨水浸入

【事件概要】

〈建物種別〉

賃貸集合住宅（1階店舗、2階以上住居）

〈構造〉

鉄筋コンクリート造8階建て

〈外装仕上げ〉

外壁＝タイル貼り仕上げ（二丁掛）

屋上・ルーフバルコニー＝アスファルト防水・コンクリート押え

ベランダ＝ウレタン防水

〈築年数〉

築23年

〈雨漏り履歴〉

2008年（築19年）に初めて雨漏りを認識。それ以降、年に3〜4回の頻度で台風や集中豪雨の際に雨漏りが起きる。

〈雨漏り状況〉

台風や豪雨など横殴りの雨の際に5階リビングの天井から雨漏りする。いわゆる普通の雨では雨漏りしない。ただし、台風であっても雨漏りしない時もある。

図1　室内漏水箇所

ヒアリングシート

現調日	2012 年 12 月 27 日 （金）　15 時 30 分			雨漏り診断士登録NO 18-0002
名　称	████████	お名前	████████	唐鎌謙二
住　所	████████	TEL	████████	

種　別	a. 戸建　(b. 集合住宅)　c. ビル	用　途	(a. 住居)　b. 会社　c. その他（1 階コンビニ）

構　造	a. 木造（軸組・壁式）　b. 鉄骨（ALC・押出セメント・ラスシート）　(c. RC・SRC)　（8）階建て

建物経年	築造（ 23 ）年
改修履歴	新築直後に雨漏りあり、詳細については不明

種類・仕上	屋根	形状	a. 寄棟　b. 片流れ　c. 切り妻　(d. 陸屋根)　e. 他（　　　　）
		材料	a. 瓦（和・洋・コンクリート・防災）　b. スレート　c. 金属　d. シングル (e. コンクリート押さえ) f. ウレタン　g. シート　h. FRP　i. 他（　　　）
	外壁	種類	a. モルタル　b. サイディング（窯業・鉄・アルミ）　(c. タイル貼り)　d. ALC 塗装 e. 他（　　　　）
		モルタル仕上	a. リシン　b. 吹き付けタイル　c. ジョリパット　d. スタッコ e. 他（　1 度塗り替えをしている　）
	ベランダ		a. コンクリート押さえ（アス・シート・他／　　　　　　）　(b. ウレタン) c. シート　d. FRP　e. 他（　＋保護モルタル　）

漏水状況	漏水箇所	a. 東　b. 西　c. 北　(d. 南)　e. 北西　f. 南東　g. 南西　h. 北東
		（5）階の　503 号室リビング天井（602 号室ルーフバルコニーの真下）
		a. 窓（出窓）上枠　b. 天井　c. 回り縁　d. 柱・梁　e. 点検口内　f. 鴨居　g. 床 他（　　　　）
		a. 東　b. 西　c. 北　d. 南　e. 北西　f. 南東　g. 南西　h. 北東
		（　）階の
		a. 窓（出窓）上枠　b. 天井　c. 回り縁　d. 柱・梁　e. 点検口内　f. 鴨居　g. 床 他（　　　　）
	気付いたのは	H20 年の夏頃
	履歴	H20 年以降ずっと
	年に何回位	…（3〜4）回
	雨　質	時間 (a. 長) b. 中 c. 短　雨量 (a. 多)(b. 中) c. 少　風の強さ (a. 強) b. 中 c. 弱
	漏水形態	a. 濡れる　b. 染みる　(c. 垂れる)　d. 溜まる　溜る量
	漏水までの時間	降り始めてから漏水するまでのおおよその時間は …（1〜2）時間位
	止まるまでの時間	雨がやんでから漏水が止まるまでのおおよその時間は …（　3〜4 時間　）

摘　要

1) 弱い雨なら長時間降り続いても雨漏りしない。
2) 南風の時（台風や豪雨）
3) 横殴りの雨
4) 6 階セットバックしてルーフバルコニー、サンルームあり
5) 雨が止んでも長時間落滴が続く
6) 台風の時でも大丈夫な時がある

602 号室サンルーム　602 号室ルーフバルコニー

天井から雨漏り

503 号室リビング

【原因調査】

〈雨漏り経緯〉

　雨水浸出位置は5階リビングの天井です。その直上は6階のルーフバルコニーになっています。建物は1989年竣工で、築19年目の2008年の夏、豪雨をともなう台風の時に初めて雨漏りが発生しました。建てた工務店に修理を依頼しましたが、雨漏りの原因がわからないまま、6階ルーフバルコニー周辺の壁などをシーリング防水して様子を見ることになりましたが、その後も年に3〜4回の頻度で雨漏りが発生しました。その都度、雨漏りの原因を解明しないまま、6階ルーフバルコニー周辺を中心にシーリング防水による応急処置を繰り返していました。結局、雨漏りが止まらないまま、4年が経過した時点で調査の依頼がありました。

図2　6階サンルーム

〈雨漏り調査〉

1）現場調査及びヒアリングによる情報収集

　雨漏り調査の依頼を受けて、下見（状況確認）とヒアリング（情報収集）

をした結果、豪雨をともなう台風や集中豪雨の際、横なぐりの雨が吹き付けた時だけ、雨漏りが発生することがわかりました。いわゆる普通の雨では雨漏りせず、仮に長時間（例えば数日にわたって）雨が降り続いた場合でも雨漏りは発生しません（梅雨の時期に数日間雨が降り続いても雨漏りが発生しなかったとの情報あり）。また台風であっても降雨が短時間で、風が弱い場合には雨漏りしないとのこと。

　これらの情報からルーフバルコニー床面の防水に問題はないと考えられます。また、雨が止んでからも長時間漏水が止まらない時もあるとのことです。この現象については、上階の6階において、室内側に浸入した雨水が、6階のスラブ（床）に水溜まりをつくって、その水溜りの水がなくなるまで天井（＝スラブ）のクラック（ひび割れ）などから下階に雨滴が落ち続ける可能性が考えられます。

　ヒアリングにおいて重視すべき情報は、①仮に長時間降り続いても弱い雨であれば雨漏りしないこと。つまり、雨の総降雨量は雨漏りと関係ないということがわかります。②横なぐりの雨の時にのみ雨漏りが発生すること。つまり雨水浸入位置が、平面ではなく立面またはそれに準ずる雨がかりの場所にある可能性が高いと考えられます。③雨が止んでからも長時間にわたって漏水が止まらない場合があること。このことから、浸水経路の中のどこかに滞留水があることが推察されます。④雨水浸出位置の真上に上階のサンルームがあることから、サンルームの立ち上がりの防水などが気になります。

　以上の4つの情報を重視しながら、上部ルーフバルコニーにおける脆弱部分や劣化箇所について雨水浸入の仮説を立てていくこととします。

2）仮説を立てる

　長時間降り続いても横なぐりの雨でなければ雨漏りしないことから、ルーフバルコニーの防水に不具合はないものと仮定して、仮説を立てることとします。

　ルーフバルコニー防水の立ち上がり部分（サンルーム側）に不具合がある可能性を疑います。例えば、普通の雨では雨水が当たらないサンルームのサッシ水切り裏などの防水の端末部分に、台風など横なぐりの雨の際に巻き上げられて雨があたり、防水の端末部分の不具合などから雨水が浸入し、防水層の裏にまわって室内側に浸入し、6階スラブ（床下）に雨水が溜まり、スラブのひび割れ部分などから5階天井に浸出するケースです。

仮説2

　サンルームのサッシ突付け部分やシーリングなど、サンルーム自体の構造あるいは施工上の不具合がある可能性を疑います。メカニズムとしては、台風など横なぐりの雨の時にサンルームに激しく雨が当たり、サッシ突付け部分やシーリングの剥離部分などから雨水が室内側に浸入（毛細管現象も想定）して、6階スラブ（床下）に溜まった雨水がスラブのひび割れ部分などから5階天井に浸出する経路が考えられます。

仮説3

　サンルームの出入り口（開閉式ガラス扉）に何らかの不具合がある可能性を疑います。台風など横なぐりの雨の時にサンルームに激しく雨滴が当たり、サンルーム出入り口（開閉式扉）の不具合から雨水が室内側に浸入（毛細管現象も想定）して、6階スラブ（床下）に溜まった雨水がスラブのひび割れ部分などから5階天井に浸出する経路が考えられます。

3）雨漏り調査の実施

　散水調査を実施する前に、ルーフバルコニーとその周囲について、目視・触診で不具合の有無を点検しましたが、目に見えるような不具合は確認できませんでした。

　サンルームのサッシ突付けのパッキンや各所シーリングに著しい劣化はなく、立上り部分の防水端末なども特に不具合は確認できなかったため、まずは 仮説3 の「サンルームの出入り口（開閉式ガラス扉）に何らかの不具合がある可能性」を軸に散水調査を進めることにしました。

図3　サンルーム出入り口（開閉式扉）への散水

　図3のようにサンルーム出入り口に向かって斜め上から散水を実施したところ、約20分後に5階天井に漏水が発生し、雨漏りを再現しました。

図4　雨水浸出を再現

この雨漏り再現によって、サンルームの出入り口（開閉式ガラス扉）に雨水浸入位置があることが判明しました。念のため再確認の散水調査も実施します。漏水を確認後、一旦散水をストップして、雨滴が完全に止まるまで待機します。その後、雨滴がほぼ止まったところで、あらためて散水を開始すると、約5分後に再び漏水が発生しました。これでサンルームの出入り口が雨水浸入位置であるとわかりました。

【原因特定】

　散水調査の結果から、本件の雨漏りのメカニズムは、仮説3 のサンルーム出入り口に何らかの不具合があり、台風など横なぐりの雨の時にサンルームに激しく雨滴が当たった際、その不具合から雨水が室内側に浸入し、6階スラブ（床下）に溜まった雨水がスラブのひび割れ部分から5階天井に浸出していることがわかりました。

　サンルーム出入り口周辺を綿密に調べたところ、受座（ストライク）の中に浸入した雨水を排出するための水抜きが存在しないことがわかりまし

図5　サンルーム出入り口（開閉式扉）受座部分

た。ドアが閉まっている時は受座の中にラッチボルトとデッドボルトが挿入された状態です。その状態においてドアとドア枠の間に吹き込んで流れ落ちた雨水は、ラッチボルトとデッドボルトに当たって受座の中に浸入することは間違いありません。したがって、その雨水を排出するための水抜きが無いということは、雨水が室内側に入り込む可能性が高くなります。

　普段、雨の降り始めから雨漏りするまで、1〜2時間かかっているのに対し、今回の散水調査では、わずか20分ほどで漏水が再現したのは、ピンポイントでドアとドア枠の隙間に水をかけたことで、台風などの自然の降雨時よりも短時間で大量の水が受座の中に入ったことが原因だと推察されます。

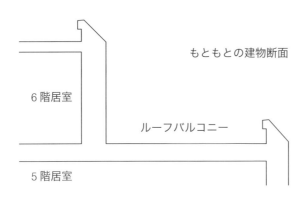

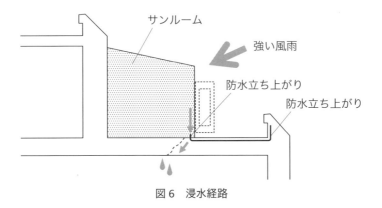

図6　浸水経路

【対策】

　本件においては、まず本来は雨がかりとすべきではない開口部（出入り口）が雨がかりになっていること。しかも6階ルーフバルコニーという高所であるため、台風などの際には、横なぐりの雨が激しく当たる可能性が高い場所であること。この2つが大きな問題であると考えられます。

　望ましい解決策としては、例えば雪国における玄関の雪囲いのような対策で、サンルームの出入り口を完全に囲ってしまい、雨がかり状態をなくしてしまうことが、最も確実で安全な対策だと考えられますが、本件においては予算的な問題もあり、不採用となりました。そのため、今回はサンルーム出入り口（開閉式扉）周辺の不具合箇所をシーリング防水処理することで対応することにしました。雨仕舞いの観点から受座に浸入した雨水を逃がすための水抜き穴を新設することも検討しましたが、確実に雨水を排出できる方法が見つからないため、まずは受座の隙間をシーリングで埋めて、サッシ内部に雨水が浸入しないための万全の対策をとることにしました。

図7　受座周囲と受座内部の隙間をシーリング処理

　さらに、築23年であることから、サッシ突付け部分のパッキンが劣化している可能性も考えて、念のためシーリング処理しました。

鉄骨造はシーリングが命です

笠木・外壁取合いシーリングの劣化による雨漏り

【事件概要】

〈建物種別〉

　事務所及び賃貸住宅（1階事務所、2階以上住居）

〈構造〉

　鉄骨造3階建て

〈外装仕上げ〉

　外壁＝押出成形セメント板・ガルバリウム鋼板

　屋上・ベランダ＝塩化ビニル樹脂系シート防水

〈築年数〉

　築11年（2006年竣工）

〈雨漏り履歴〉

　2015年6月に初めて雨漏りを確認。その後2回雨漏り発生。

〈雨漏り状況〉

　雨の強弱や風の有無に関わらず、ある程度の降雨量があれば雨漏りする。降雨量に比例して漏水の量も増える。雨の勢いが強いと漏水の勢いも増す。

図1　雨水浸出位置

図2　大雨の際は大量の漏水

ヒアリングシート

現調日	2015 年　6 月　7 日　（土）　11 時　00 分		雨漏り診断士登録NO 18-0002
名　称	████████████	お名前　████████	唐鎌謙二
住　所	███████████████	TEL　███████████	

種　別	a. 戸建　(b. 集合住宅)　c. ビル	用　途	a. 住居　(b. 会社)　c. その他（1階会社事務所）

構　造	a. 木造（軸組・壁式）　(b. 鉄骨)（ALC・(押出セメン)ト・ラスシート）　c. RC・SRC　　（3）階建て

建物経年	築造（　11　）年

改修履歴	特になし

種類 ・ 仕上	屋根	形状	a. 寄棟　　b. 片流れ　　c. 切り妻　　(d. 陸屋根)　　e. 他（　　　　　）
		材料	a. 瓦（和・洋・コンクリート・防災）　b. スレート　c. 金属　d. シングル e. コンクリート押さえ　f. ウレタン　(g. シート)　h. FRP　i. 他（　　　　）
	外壁	種類	a. モルタル　b. サイディング（窯業・鉄・アルミ）　c. タイル貼り　d. ALC塗装 (e. 他)（　押出成形セメント板　）
		モルタル 仕上	a. リシン　b. 吹き付けタイル　c. ジョリパット　d. スタッコ e. 他（　　　　　）
	ベランダ		(a. コンクリート押さえ)（(アス)シート・他／　　　　　　　）　b. ウレタン c. シート　d. FRP　e. 他（　＋保護モルタル　）

漏水状況	漏水箇所	a. 東　　b. 西　　c. 北　　(d. 南)　　e. 北西　　f. 南東　　g. 南西　　h. 北東
		（1）階の　南側事務所　1階ガラス上部サッシ枠から
		a. 窓（出窓）上枠　b. 天井　c. 回り縁　d. 柱・梁　e. 点検口内　f. 鴨居　g. 床 他（　　　　　）
		a. 東　　b. 西　　c. 北　　d. 南　　e. 北西　　f. 南東　　g. 南西　　h. 北東
		（　）階の
		a. 窓（出窓）上枠　b. 天井　c. 回り縁　d. 柱・梁　e. 点検口内　f. 鴨居　g. 床 他（　　　　　）
	気付いたのは	H27 年 4 月　｜　履歴　その後、4〜5回　｜　年に何回位 …（　2　）回
	雨　質	時間 (a. 長)(b. 中) c. 短　雨量 (a. 多) b. 中 c. 少　風の強さ a. 強 b. 中 (c. 弱)
	漏水形態	a. 濡れる　　b. 染みる　　(c. 垂れる)　　(d. 溜まる)　　溜る量
	漏水までの時間	降り始めてから漏水するまでのおおよその時間は …（1〜2）時間位
	止まるまでの時間	雨がやんでから漏水が止まるまでのおおよその時間は …（　すぐに止まる　）

摘　要
1）雨の強弱に関係なく、ある程度の量が降れば漏れる 2）風の有無も関係ない 3）雨の量に比例して漏水の量が増える　※バケツに溜まるぐらい 4）雨の勢いが強いと漏水も勢いが増す 5）パラペット笠木と外壁の取合い部のシーリングが剥離している

（図）2階外壁のパネル面／笠木／パラペット／2階ベランダ／オーバーハング／雨水浸出位置／ガラス張り／1階事務所

【原因調査】

〈雨漏り経緯〉

　雨水浸出位置は1階事務所ガラス張りの上部サッシ枠です。その真上は2階住居ベランダのパラペットになっています。築9年目の2015年6月に初めて雨漏に気づきました。その後、2ヶ月ほどの間に2回雨漏りが発生しました。写真矢印の室内側が雨水浸出位置です。

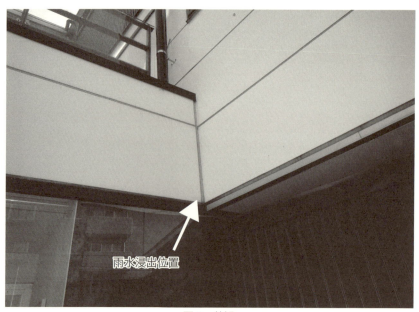

図3　外観

〈雨漏り調査〉

1）現場調査及びヒアリングによる情報収集

　雨漏り調査の依頼を受け、下見（状況確認）とヒアリング（情報収集）をした結果、雨の強弱や風の有無とは関係なく雨漏りが発生するとのことです。雨の勢いが強まると漏水の勢いが強まる傾向があるとの情報もありました。また、雨が止むと雨漏りもすぐに止まることから、雨水浸入位置から雨水浸出位置までの浸水経路の距離が短いか、仮に距離的に離れていたと

しても縦方向であり、横方向に距離が離れている可能性は低いと思われます。雨の量に比例して漏水量が増えること、雨の勢いが強いと漏水の勢いが増すことなどからも、雨水浸入位置と雨水浸出位置が距離的に極めて近い可能性が高いと推察されます。目視による点検・調査で、雨水浸出位置の真上にあたる2階ベランダのパラペット笠木と外壁の取合い部分のシーリングが劣化して界面剥離しており、被疑箇所として最有力と考えられます。

2）仮説を立てる

　雨水浸入位置と雨水浸出位置が距離的に離れていない可能性が高いと推察されることから、雨水浸出位置に近い被疑箇所を中心に仮説を立てます。

[仮説]

　雨水浸出位置の直上にあたるベランダのパラペット笠木と外壁の取合い部シーリング剥離を疑います。

　雨水浸出位置の真上にあたるベランダのパラペット笠木と外壁の取合い部のシーリング材が、経年劣化により完全に剥離しています。雨漏りのメ

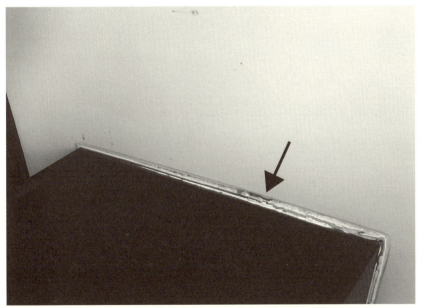

図4　ベランダのパラペット笠木と外壁の取り合い

カニズムとしては、シーリング剥離部分から雨水が浸入し、笠木の裏に回り込んで、1階ガラス枠のサッシから浸出していると推察されます。

3）雨漏り調査の実施

　仮説を元に散水調査を実施しました。ベランダ内に水が流れないよう養生することがポイントです。ベランダ内に水が流れないようにすることで散水箇所を限定し雨水浸入位置を絞り込めます。

図5　被疑箇所に散水

図6　被疑箇所に散水（拡大）

　パラペット笠木と外壁の取合いのシーリング剥離部分に図6のように散水をしたところ、約5分後には漏水が再現しました。散水開始から漏水が再現するまでの時間が普段より短かったのは、シャワーホースによるピンポイントの散水のため、台風などの自然の雨量より大量の水が浸水したことによると考えられます。この雨漏り再現によって、笠木と外壁取合いのシーリング部分が雨水浸入位置であると判明しました。念のため確認の散水調査を実施しました。一旦散水をストップし、漏水の雨滴が完全に止まるまで待機します。雨滴が止まったところで、あらためて散水を開始、約5分後に再び漏水が発生＝雨水浸入位置の確定です。

【原因特定】

　散水調査の結果から本件の雨漏りのメカニズムは、仮説の通り、笠木と外壁の取合いのシーリング剥離部分から雨水が浸入し、笠木の裏に回り込

んで、1階ガラス枠のサッシから浸出していると考えられます。

【対策】

　本物件においては、築9年が経過してシーリング材が劣化し界面剥離したことが雨漏りの原因であり、鉄骨造の雨漏り対策がシーリング材などの

シーリング施工前

シーリング施工後

図7　対象箇所をシーリング処理

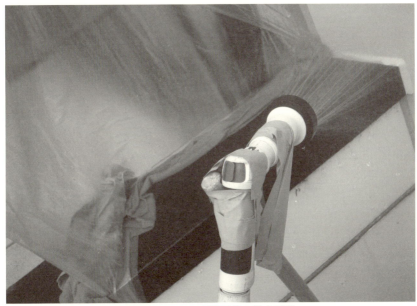

図8　シーリング処理後の散水試験

防水に全面的に依存している問題点がそのまま雨漏りにつながった案件と言えます。シーリング材の実質的な耐用年数は5年から10年程度であることから、雨漏りを起こさないためにも、定期的なシーリングの更新が必要になります。今回の雨漏りに関しては、対象箇所である笠木と外壁取合いのシーリングを打ち替えることで対応しました。

　シーリング施工後に確認のため散水調査を実施しました。約1時間散水しても漏水は発生しませんでした。無事に雨漏り補修が完了しました。

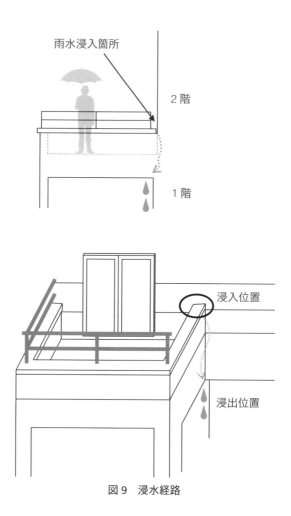

図9　浸水経路

Case 2-4S 壁

ALC 版間目地のひび割れにご用心
シーリングの劣化による雨水浸入

【事件概要】

〈建物種別〉

　個人住宅

〈構造〉

　鉄骨造　3 階建て

〈外装仕上げ〉

　外壁＝ ALC 版下地＋塗装仕上げ

〈築年数〉

　築 15 年

〈雨漏り履歴〉

　2010 年 9 月、台風時に雨漏りが発生。

〈雨漏り状況〉

　1 階出窓の枠から浸出、2 階床の間の壁から浸出

〈雨漏り経緯〉

　雨水浸出位置は 1 階出窓のサッシ枠と 2 階床の間の壁です。1 階の出窓は 3 年前に出窓に取り替えています。また、2 階の床の間の壁には、普段掛け軸が掛けられていて、掛け軸にシミ跡が付いていたことで気が付きました。入居者の感覚では、長く降る雨や風を伴う雨の時に漏ってくるとのことです。現場調査（ヒアリング）時は雨天でしたが、出窓の木枠部分から雨水が浸出していました。

図1　1 階出窓から浸出

図2　2 階床の間壁から浸出

ヒアリングシート

現調日	2010 年　9 月　16 日　（木）　10 時　00 分		雨漏り診断士登録 NO 20-0001
名　称	███████████	お名前　███████	高松洋平
住　所	███████████████	TEL　███████	

種　別	a. 戸建（丸）　b. 集合住宅　c. ビル	用　途	a. 住居（丸）　b. 会社　c. その他（　　　）
構　造	a. 木造（軸組・壁式）　b. 鉄骨（丸）・ALC（丸）（押出セメント・ラスシート）　c. RC・SRC　（3）階建て		
建物経年	築造（　15　）年		
改修履歴	3 年前に屋根をガルバリュウムに葺き替え		

種類 ・ 仕上	屋根	形状	a. 寄棟　b. 片流れ（丸）　c. 切り妻　d. 陸屋根　e. 他（　　　）
		材料	a. 瓦（和・洋・コンクリート・防災）　b. スレート　c. 金属（丸）　d. シングル e. コンクリート押さえ　f. ウレタン　g. シート　h. FRP　i. 他（　　　）
	外壁	種類	a. モルタル　b. サイディング（窯業・鉄・アルミ）　c. タイル貼り　d. ALC 塗装（丸） e. 他（　一部タイル貼り　）
		モルタル 仕上	a. リシン　b. 吹き付けタイル　c. ジョリパット　d. スタッコ e. 他（　　　）
	ベランダ		a. コンクリート押さえ（アス・シート・他／　　　）　b. ウレタン c. シート（丸）　d. FRP　e. 他（　＋保護モルタル　）

漏水状況	漏水箇所	a. 東（丸）　b. 西　c. 北　d. 南　e. 北西　f. 南東　g. 南西　h. 北東
		（1）階の　出窓
		a. 窓（出窓）上枠（丸）　b. 天井　c. 回り縁　d. 柱・梁　e. 点検口内　f. 鴨居　g. 床 他（　　　）
		a. 東（丸）　b. 西　c. 北　d. 南　e. 北西　f. 南東　g. 南西　h. 北東
		（2）階の　床の間の壁
		a. 窓（出窓）上枠　b. 天井　c. 回り縁　d. 柱・梁　e. 点検口内　f. 鴨居　g. 床 他（丸）　壁　）
	気付いたのは	9/8 の台風時に漏水　　履歴　　　　　　　　年に何回位 　　　　　　　　　　　　　　　　　　　…（　　　）回
	雨　質	時間 a. 長（丸）b. 中 c. 短　雨量 a. 多（丸）b. 中 c. 少　風の強さ a. 強（丸）b. 中 c. 弱
	漏水形態	a. 濡れる　　b. 染みる　　c. 垂れる（丸）　d. 溜まる　　溜る量
	漏水までの時間	降り始めてから漏水するまでのおおよその時間は…（　　　）時間位
	止まるまでの時間	雨がやんでから漏水が止まるまでのおおよその時間は…（　　　）

摘　要

3 年前に 1 階のサッシを出窓に変更する工事を行っている。
長く降る雨や風を伴う雨の時に漏ってくる印象がある。
2 階の床の間の壁は、染みてきてカビが生えている状態。

【原因調査】

〈雨漏り調査〉

1）現場調査及びヒアリングによる情報収集

　雨漏り調査の依頼を受け、状況確認とヒアリングの内容と、現場調査時の雨天（さほど雨が強くない）で雨漏りしていることから、風の強弱とは関係なく、雨量が少なくても長く降り続く雨の際に雨漏りすることがわかりました。いわゆる普通の雨でも長時間降り続いた場合は雨水浸出に至ります。

図3　サッシ枠から雨水浸出

図4　天井の雨水跡

図5　建物全景

雨漏りしている部位の外側を確認すると、ALC版自体のひび割れや、版間目地のひび割れ（ジョイント部のひび割れ）が確認できます。サッシから出窓に交換した際の工事の跡も確認できますが、ひび割れなどは発生していません。3階の窓から外壁を確認すると、ALC版間目地（ジョイント）にひび割れが確認できます。

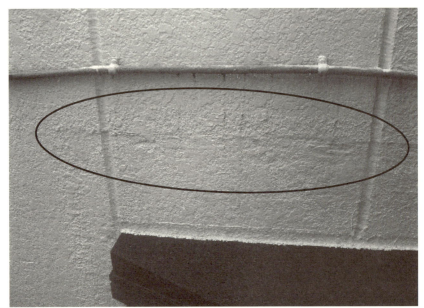

図6　出窓交換時の工事の継ぎ目

2) 仮説を立てる

仮説1

　出窓交換時の工事箇所との境目部分を疑います。普通の雨でも長く降り続くときに漏ってくることから、目視では確認できませんが、既存外壁と工事後の外壁の取合い部分に肌別れが起きて、壁内に雨水が浸入して室内側に雨水がまわりこんでいる可能性を疑います。

仮説2

　風を伴う雨の時にも漏るとのことから、ALC版間のジョイント部（横目

地シーリング）を疑います。目地シーリング劣化部から ALC 版内に雨水が浸入した場合には、2 次防水の考えが無い鉄骨造ですから、室内に浸入する可能性が極めて高いです。

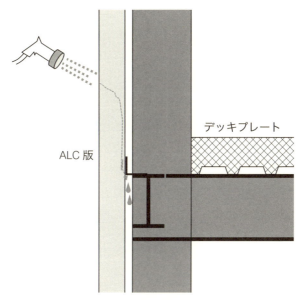

デッキプレート

ALC 版

図 7　目地やひび割れ部からの雨水浸入

仮説 3

　上階である 3 階の版間の縦目地ひび割れを疑います。 仮説 2 と同様の考えで、この部分から浸入した雨水が、2 階の床の間の壁に浸出し、更に階下の出窓枠からも浸出していることを疑います。複数浸出雨漏りである可能性も考えられるのです。

【原因特定】

　仮説に基づき、散水調査を実施しました。被疑箇所の水下から順に上がって散水を行います。

　仮説 1 の出窓交換時の工事箇所との境目部分に 1 時間半散水を行いまし

たが、雨漏りの再現はしませんでした。

　仮説2 の1階と2階の間の横目地の部分に散水をすると、20分程度で出窓に雨漏りの再現ができました。

　仮説3 の縦目地のひび割れ部に散水をすると、30分程度で、天井裏に雨漏りが再現し、さらに続けると2階の壁にシミ状になり雨水が浸出してきました。さらに続けましたが、1階の出窓には出てきませんでした。

図8　版間目地への散水

【対策】

　ALC版間の目地シーリングのひび割れが雨漏りの原因であり、鉄骨造ALCの外壁の止水はシーリング材に依存しているために、シーリングを撤去打替えし、その後に塗装を行うことで、雨水の浸入を防ぐこととしました。シーリングは定期的かつ継続的なメンテナンスが必要である旨、入居者に説明しました。

Case 2-5S 壁

鉄骨造ラスシートは高確率で雨漏りする
モルタル外壁から雨水浸入

【事件概要】

〈建物種別〉

　集合住宅

〈構造〉

　鉄骨造　3階建て

〈外装仕上げ〉

　外壁＝ラスシート＋モルタル＋吹付けタイル仕上げ

〈築年数〉

　約40年

〈**雨漏り履歴**〉

　12～13年前に外壁塗装と一部増築。その増築部分からの雨漏り。増築当時から雨漏りが発生し、シーリングなどを施工するも改善されず、年々ひどくなってきました。

〈**雨漏り状況**〉

　雨量の多い雨や北風の時に雨漏り。

図1　雨水浸出位置

ヒアリングシート

現調日	2009 年　4 月　11 日　（土）　　13 時　00 分		雨漏り診断士登録 NO 20-0076

名　称	■■■■■	お名前	■■■■■　　倉方康幸

住　所	■■■■■	TEL	■■■■■

種　別	a. 戸建　(b. 集合住宅) c. ビル	用　途	(a. 住居) b. 会社　c. その他（　　　）

構　造	a. 木造（軸組・壁式）　(b. 鉄骨) ALC・押出セメント　(ラスシート)　c. RC・SRC　　（3）階建て

建物経年	築造（　約40　）年

改修履歴	12 ～ 13 年前に外装塗装、増築

種類 ・ 仕上	屋根	形状	a. 寄棟　b. 片流れ　c. 切り妻　(d. 陸屋根) e. 他（　　　　）
		材料	a. 瓦（和・洋・コンクリート・防災）　b. スレート　c. 金属　d. シングル e. コンクリート押さえ　f. ウレタン　(g. シート) h. FRP　i. 他（　　　）
	外壁	種類	(a. モルタル) b. サイディング（窯業・鉄・アルミ）　c. タイル貼り　d. ALC 塗装 e. 他（　　　　）
		モルタル 仕上	a. リシン　(b. 吹き付けタイル) c. ジョリパット　d. スタッコ e. 他（　　　　）
	ベランダ		(a. コンクリート押さえ) （アス・シート・他／　　　　）　b. ウレタン c. シート　d. FRP　e. 他（　＋保護モルタル　）

漏水状況	漏水箇所	a. 東　　b. 西　　(c. 北)　　d. 南　　e. 北西　　f. 南東　　g. 南西　　h. 北東
		（1）階の｜洋室
		a. 窓（出窓）上枠　(b. 天井) c. 回り縁　d. 柱・梁　e. 点検口内　f. 鴨居　g. 床 他（　　　　）
		a. 東　　b. 西　　c. 北　　d. 南　　e. 北西　　f. 南東　　g. 南西　　h. 北東
		（　）階の｜
		a. 窓（出窓）上枠　b. 天井　c. 回り縁　d. 柱・梁　e. 点検口内　f. 鴨居　g. 床 他（　　　　）
	気付いたのは	増築後から　　　　履歴｜不明　　　　年に何回位 …（　10　）回
	雨　質	時間 a. 長 b. 中 c. 短｜雨量 (a. 多) b. 中 c. 少｜風の強さ (a. 強) (b. 中) c. 弱
	漏水形態	a. 濡れる　　b. 染みる　　(c. 垂れる)　d. 溜まる　　｜溜る量
	漏水までの時間	降り始めてから漏水するまでのおおよその時間は …（　1　）時間位
	止まるまでの時間	雨がやんでから漏水が止まるまでのおおよその時間は …（　すぐ止まる　）

摘　要
・増築当時から雨漏り発生
・先代さんは工務店を経営、自ら増築
・シーリングなどを施工しても雨漏りは止まらず
・年々ひどくなってくる
・北風の雨で多く雨漏り

【原因調査】

〈雨漏り経緯〉

　雨水浸出位置は北側洋室天井部分です。漏れている真上は増築部分と建物との取り合い部分となります。12 ～ 13 年前にその部分を増築し、当時から雨漏りしているとのことです。

〈雨漏り調査〉

1）現場調査及びヒアリングによる情報収集

　下見（状況確認）とヒアリング（情報収集）をした結果、雨量の多い雨や北風の時に雨漏りが発生するとのことです。降り始めて 1 時間ほどで雨漏りが発生し、雨が止むと雨漏りも止まるということです。また、開口している部位を見てみると、増築した際に切ったと思われるラスシートの端部が見えます。この端部が錆びていることと、周辺の垂木などにシミなどがあるのでここから漏水していることがわかります。

図2　雨水浸出位置の天井部分

外壁はモルタル＋吹付けタイル仕上げとなっており、その上には窓、目地、手摺りなどがあり、ひび割れも確認できます。

また、2階、3階には雨漏りしていないとの情報も確認しました。

2）仮説を立てる

仮説1

増築部分の屋根と壁の取り合いを疑います。増築時にラスシートを切ってその端部から雨漏りしているということは、壁内に雨水が浸入しているということになります。増築部分の屋根は外壁の上から施工されており、ビス止め、シーリングで止水しています。このシーリングの劣化、剥離から壁面内に雨水が浸入したと想定されます。

仮説2

外壁のひび割れや目地を疑います。2次防水のない鉄骨造ラスシートの建物はひび割れ部分からラスシートへの雨水浸入や目地部分のシーリング劣化による雨水浸入の可能性が大きいです。

仮説3

窓を疑います。雨漏りしている部位の上には2階、3階のサッシがあり、サッシと外壁モルタルの取り合い部分から毛細管現象によるラスシートへの雨水浸入、またスチール製手摺りがビス固定されていることから、その取付けビスからの雨水浸入も疑います。

3）雨漏り調査の実施

足場を組んで散水調査を実施しました。 仮説1 の増築部分屋根と壁の取り合い部分に散水しました。散水から20分ほどでラスシート端部から漏水が確認されました。

増築部分屋根に水がかからないように養生をして、散水調査を続行しました。外壁ひび割れ部分や目地部分、窓などに散水しましたが、いずれも雨水浸出位置から漏水が確認されました。 仮説1 仮説2 仮説3 ともに雨水浸入位置として確認されました。

図3　シーリング部に散水

図4　雨水浸入開始

【原因特定】

　散水調査の結果から、雨水浸入位置が複数あることが確認されました。いずれもモルタルとラスシートの間に水が浸入し、1階増築部分のラスシート端部へ流れ落ちていました。

【対策】

　本件においては、まず1次防水を強固にするため、サッシ廻りや目地にはシーリングなどの1次防水処理を施工し、壁面には防水塗装を施工します。

　雨水浸出位置である1階ラスシート端部にはその内側から板金屋根を葺く提案をしました。この工事を実施することにより、仮に経年で1次防水が劣化、今回のように雨水が浸入しても、ラスシート端部に流れ落ちた雨水は板金の上に落ちて屋外へ排水されるという仕組みを作ります。

図5　ラスシート端部に板金屋根を施工中

図6　外壁クラック補修

図7　防水塗装施工中

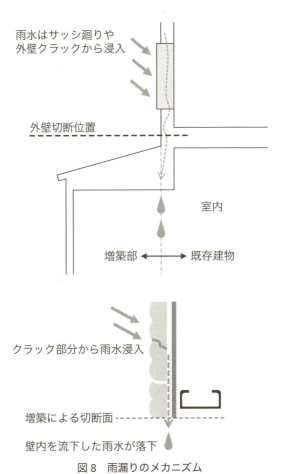

雨水はサッシ廻りや
外壁クラックから浸入

外壁切断位置

室内

増築部 ←→ 既存建物

クラック部分から雨水浸入

増築による切断面

壁内を流下した雨水が落下

図8　雨漏りのメカニズム

ガラスブロックの雨漏りをブロックせよ

ガラスブロックまわり下葺き材の不具合から雨水浸入

【事件概要】

〈建物種別〉

　個人住宅

〈構造〉

　木造在来工法　2階建て

〈外装仕上げ〉

　外壁＝モルタル下地＋意匠性塗装仕上げ

〈築年数〉

　10年

〈雨漏り履歴〉

　3～4年前より雨漏りが発生。南風の強い時に2階リビングの窓上枠（カーテンレール）から雨水浸出。

〈雨漏り状況〉

　雨漏りすると床に水たまりができる。ただ、年に2～3回しか雨漏りが起こらないとのことで、ほとんど痕跡はない。

図1　雨水浸出位置

ヒアリングシート

現調日	2015 年　4 月　25 日　（土）　13 時　30 分		雨漏り診断士登録NO 20-0082

名　称	████████████	お名前	██████	原田芳一

住　所	████████████	TEL	██████	

種　別	(a. 戸建) b. 集合住宅　c. ビル	用　途	(a. 住居) b. 会社　c. その他（　　　）

構　造	a. 木造 (軸組)・壁式）　b. 鉄骨（ALC・押出セメント・ラスシート）　c. RC・SRC　　（2）階建て

建物経年	築造（　10　）年

改修履歴	1年前に建てた工務店にて雨漏り修理（解決せず）

種類・仕上	屋根	形状	a. 寄棟　(b. 片流れ)　c. 切り妻　d. 陸屋根　e. 他（　　　）
		材料	a. 瓦（和・洋・コンクリート・防災）　b. スレート　(c. 金属) d. シングル e. コンクリート押さえ　f. ウレタン　g. シート　h. FRP　i. 他（　　　）
	外壁	種類	(a. モルタル) b. サイディング（窯業・鉄・アルミ）　c. タイル貼り　d. ALC 塗装 e. 他（　　　）
		モルタル仕上	a. リシン　b. 吹き付けタイル　(c. ジョリパット) d. スタッコ e. 他（　　　）
	ベランダ		a. コンクリート押さえ（アス・シート・他／　　　）　b. ウレタン (c. シート) d. FRP　e. 他（　　　）

漏水状況	漏水箇所	a. 東　b. 西　c. 北　(d. 南) e. 北西　f. 南東　g. 南西　h. 北東
		（2）階の　リビング
		(a. 窓（出窓）上枠) b. 天井　c. 回り縁　d. 柱・梁　e. 点検口内　f. 鴨居　g. 床 他（　　　）
		a. 東　b. 西　c. 北　d. 南　e. 北西　f. 南東　g. 南西　h. 北東
		（　）階の
		a. 窓（出窓）上枠　b. 天井　c. 回り縁　d. 柱・梁　e. 点検口内　f. 鴨居　g. 床 他（　　　）
	気付いたのは	H23 年頃　　　　履歴　随時　　　　年に何回位 　　　　　　　　　　　　　　　　…（2～3）回
	雨　質	時間 (a. 長)(b. 中) c. 短　雨量 (a. 多)(b. 中) c. 少　風の強さ (a. 強) b. 中　c. 弱
	漏水形態	a. 濡れる　b. 染みる　(c. 垂れる) d. 溜まる（毎秒1滴位）　溜る量　約50cc
	漏水までの時間	降り始めてから漏水するまでのおおよその時間は …（3時間以上）
	止まるまでの時間	雨がやんでから漏水が止まるまでのおおよその時間は …（　　　）

摘　要
・南面2階　東側窓上枠（カーテンレール）より
・南風が強い雨の時に雨漏りする
・1年前にガラスブロック下端に水切りを設置、およびガラスブロック周囲をマスチック塗装したが、雨漏りは解決されず

【原因調査】

〈雨漏り経緯〉

　雨水浸出位置は、2階リビングの窓上枠（カーテンレール）です。およそ3〜4年前より雨漏りしていました。建てた工務店が1年前に雨漏り対応工事を行いましたが、それでも雨が止まらなかったので、外壁の塗り替え工事の一環として雨漏り調査の依頼がありました。

〈雨漏り調査〉

1）現場調査及びヒアリングによる情報収集

　雨漏り調査の依頼を受け、下見とヒアリングをした結果、強い風を伴う雨の際に雨漏りすることがわかりました。いわゆる普通の雨では長時間降り続いた場合でも雨漏りは起こりません。ただし、年に数回しか雨漏りしないため、記憶も甘い部分があり、詳しいところは不明です。雨水浸出位置の上部にはガラスブロックが全部で16個取り付けられています。

図2　室内側から見たガラスブロック

図3　ガラスブロック外部の水切り・シーリング

　建てた工務店はこのガラスブロックがあやしいと考えたようで、ガラスブロック下端に水切りをつけたり（矢印）、ブロック周囲に防水形の塗装（さざなみ模様）を施したりしていましたが、雨漏りが止まることはありませんでした。

2）仮説を立てる

仮説1

　雨水浸出位置である窓サッシ外側と外壁の取り合い部分を疑います。強い風雨の時に、サッシと外壁の取り合いから、モルタル外壁の内部に雨水が浸入し、2次防水の不備・不具合から、毛細管現象などで室内側に雨水がまわりこんでいる可能性があります。

仮説2

　ガラスブロックを疑います。ガラスブロックはその形状から、そのまま外壁に使用するにはリスクが高いと考えたからです。図3から、工務店が

いろいろと策を講じているので、一見すると雨水が浸入するすき間がないように見えますが、それでも調査が必要であると考えました。

仮説3

外壁のひび割れを疑います。ひび割れから入り込んだ雨水が、2次防水であるアスファルトフェルトの表面を伝い、このガラスブロックから室内側に浸入している可能性があります。

3) 雨漏り調査の実施

まずは、雨水浸出位置である窓サッシの外側に 1.5 時間散水しましたが、雨漏りは再現されませんでした。

図4　散水試験開始

次に、雨水浸出位置に最も近いガラスブロック周囲のひび割れ位置に対し散水調査を実施しました。

散水を開始してから約 15 分で雨漏りが再現されました（丸内に水滴がみられます）。

その後、他のガラスブロック廻りのひび割れ位置に散水を行ったのですが、めったに雨漏りしないにもかかわらず、すぐに雨漏りが再現されました。この時点で、ガラスブロックの納まりに無理があるのではという疑念が大きくなりました。しかし、今の状況のまま散水試験を行っても、ひび割れからなのか、ガラスブロック廻りからなのかという判断ができません。そこで、まずはひび割れ補修を行い、外壁からの雨水浸入を防いだ後に、

図5　雨漏り現象を確認

図6　ひび割れ補修

ガラスブロックのみに散水を行うことにしました。

図 7　ひび割れ補修後に再散水

　ガラスブロックの下の外壁や雨水浸出位置である窓サッシに、水がかからないように養生してから、16 ヶ所あるガラスブロックに対し、1 ヶ所ずつ散水調査を行っていきます。これで漏水しなければ、ひび割れから直接浸入していた可能性が高まり、逆にガラスブロックからの可能性は少なくなるのですが、1 ヶ所目でいきなり雨漏りが再現されました。その後、すべてのガラスブロックを調査し、合計 3 ヶ所から雨漏りが再現されました。

　そこで、入居者と相談の上、ガラスブロック廻りのモルタルをはがし、下地をむき出しにして納まりを確認しました。

　図 8 の破線はガラスブロック周囲に張られた防水テープですが、そもそもこの張り方は無理があります。

　モルタルの内側にあり、雨水が外壁表面から浸入した際に 2 次防水としての役割を担う防水シートに、アスファルトフェルトが使用されています。

図8　防水テープがアスファルトフェルトの上に張られ、破線部に隙間が空いている

　そのアスファルトフェルトと下地合板とを、両面接着にて張り付けるように使われるはずの防水テープが、なぜかアスファルトフェルトの上に張られていました。しかも、四隅に空間ができないように相互に重ねて張るのが当たり前ですが、そうなっていません。これではこの隅から雨水が浸入してしまいます。

　防水テープを撤去し、防水紙をめくると、ガラスブロックと下地合板との取り合いにはすき間が開いており（図9矢印部分）、そこから室内の光が差し込んでくるような状態です。下地も湿っていました。このことにより、雨漏りの原因はガラスブロック廻りにあると判断しました。

　雨漏りのメカニズム及び雨水浸入経路は、仮説2 および 仮説3 の複合であり、強い風を伴う雨が降った際に、外壁のひび割れなどから浸入した雨水が、2次防水であるアスファルトフェルトの表面を伝うか、または直接ガラスブロック廻りに到達し、ガラスブロックの納まりの不具合によっ

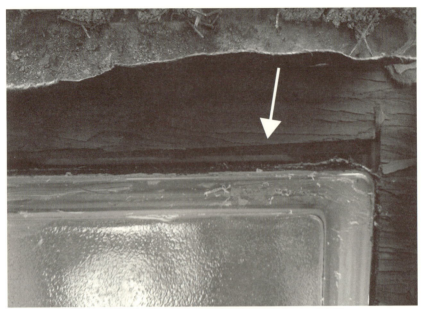

図9　ガラスブロックと下地合板との取り合いのすき間

て、2次防水を突破したと考えられます。ガラスブロックはサッシなどとは異なり、あくまでガラスの固まりであり、「雨仕舞い」については、携わった者が考えることになります。本件においては、新築時に雨仕舞いを考慮することなくガラスブロックが取り付けられたことと、雨漏り対応工事が雨漏りの原因を改善するようになされていなかったことが問題点として挙げられます。

【対策】

　雨水浸入位置は3ヶ所だったのですが、他のガラスブロックも同じように不適切な納まりであることは容易に想像できたため、すべてのガラスブロックに対し補修することにしました。

　ガラスブロックと下地合板との間ですき間が開いていた部分にシーリン

グ材を充填し、埋めてゆきます。

　次に、下地合板とガラスブロックを両面防水テープで留めます。下方→左右→上方の順に張ってゆき、それぞれの防水テープをきちんと重ねていきます。それから、はくり紙をはがし、既存のアスファルトフェルトの端部をしっかりと張り合わせます。

　念のため、その上から防水テープを重ね張りしました。

　モルタルの下地となるメタルラス（金網）を張ります。

　モルタルで成形します。既存の模様に似せるため、意図的にラフに仕上げています。

図10　シーリング材を充填

図11　両面防水テープ張り

図12　防水テープ張り完了

図13　メタルラス張り

　このタイミングで散水調査を行い、水が浸入しないことを確認しました。

　すべてのブロック廻りの補修が完了しました。この後全面に塗装を施し

図14　モルタル成形

図15　散水調査（補修成果を確認）

ました。ただ、ガラスブロックの形状からも、雨仕舞を考慮されていない製品ですから、根本的な正解は、ガラスブロックを単体で建物に取り付けないことかもしれません。

図16　すべてのガラスブロックまわりを同様に補修

貫通部は雨の通り道
配管貫通部まわりから雨水浸入

【事件概要】

〈建物種別〉

　集合住宅

〈構造〉

　鉄筋コンクリート造　5階建て

〈外装仕上げ〉

　外壁＝吹付け塗装（石調塗装仕上げ）

　屋上＝既存アスファルト防水コンクリート押さえ（保護層）の上にウレ
　　　　タン塗膜防水（通気緩衝工法）

　金属屋根＝ドーム型長尺金属屋根

　ベランダ＝ウレタン塗膜防水（密着工法）

〈築年数〉

　築20年超、約10年前に外装総合改修工事を実施している。

　※途中でオーナーチェンジしているため情報が不明確

〈雨漏り履歴〉

　3年ほど前に雨漏りしたため、10年前（雨漏りの7年前）に外装総合改
修工事を施工した業者に相談し、バルコニー防水を実施した。その後、入
居者も特に雨漏りに気づかず、止まったと思われたが、1ヶ月前の強雨で
再発した。

〈雨漏り状況〉

　1ヶ月前の強雨の際に、3階の居室の天井に設置されているダウンライ
トから雨漏りが発生した。雨水が大量に流れ落ち、バケツが何度も満杯に
なるぐらいの漏水量だった。

ヒアリングシート

現調日	2015 年 12 月 27 日 （金）　15 時 30 分		雨漏り診断士登録NO 22-0131
名　称	■■■■■■■	お名前　■■■■■■	今野昇
住　所	■■■■■■■■■■■■	TEL　■■■■■■■	

種　別	a. 戸建　(b. 集合住宅)　c. ビル	用　途	(a. 住居)　b. 会社　c. その他（1 階コンビニ）
構　造	a. 木造（軸組・壁式）　b. 鉄骨（ALC・押出セメント・ラスシート）　(c. RC・SRC)　　（ 5 ）階建て			
建物経年	築造（ 20 年以上　※詳細不明 ）年			
改修履歴	10 年位前に総合外装改修工事を実施			

種類・仕上	屋根	形状	a. 寄棟　b. 片流れ　c. 切り妻　(d. 陸屋根)　e. 他（　　　　）
		材料	a. 瓦（和・洋・コンクリート・防災）　b. スレート　(c. 金属)　d. シングル e. コンクリート押さえ　f. ウレタン　g. シート　h. FRP　i. 他（　　　　）
	外壁	種類	a. モルタル　b. サイディング（窯業・鉄・アルミ）　c. タイル貼り　d. ALC 塗装 (e. 他　　コンクリート打ち放し　)
		モルタル仕上	a. リシン　b. 吹き付けタイル　c. ジョリパット　d. スタッコ (e. 他　石材調塗装　)
	ベランダ		a. コンクリート押さえ（アス・シート・他／　　　　　　）　(b. ウレタン) c. シート　d. FRP　e. 他（　　　　　）

漏水状況	漏水箇所	a. 東　b. 西　c. 北　d. 南　e. 北西　f. 南東　g. 南西　h. 北東
		（ 3 ）階の　居室
		a. 窓（出窓）上枠　b. 天井　c. 回り縁　d. 柱・梁　e. 点検口内　f. 鴨居　g. 床 (他　ダウンライト　)
		a. 東　b. 西　c. 北　d. 南　e. 北西　f. 南東　g. 南西　h. 北東
		（　）階の
		a. 窓（出窓）上枠　b. 天井　c. 回り縁　d. 柱・梁　e. 点検口内　f. 鴨居　g. 床 他（　　　　　）
	気付いたのは	9 月の大雨の時　　履歴　過去に 1 回同様の雨漏り　　年に何回位 …（　　）回
	雨　質	時間 (a. 長) b. 中 c. 短　雨量 (a. 多) b. 中 c. 少　風の強さ a. 強 (b. 中) c. 弱
	漏水形態	a. 濡れる　b. 染みる　(c. 垂れる)　d. 溜まる　　溜る量
	漏水までの時間	降り始めてから漏水するまでのおおよその時間は …（1～2）時間位
	止まるまでの時間	雨がやんでから漏水が止まるまでのおおよその時間は …（ 3～4 時間 ）

摘　要
1) 9 月の大雨により、3 階居室の天井ダウンライトから大量に漏水あり。　※動画撮影記録あり
2) 過去に同様の漏水が 1 回あった（日時など詳細は不明）。
3) 他の業者で調査を実施したが原因は特定できず。
4) 雨漏りの原因は特定できいまま、とりあえず上階バルコニーの防水工事をした。

※ヒアリングと目視現調の時点では貫通部が怪しいと考える。

【原因調査】

〈雨漏り経緯〉

　雨水浸出位置は3階住居の天井に設置されたダウンライトです。直上は4階住居のバルコニーになっています。3年ほど前に初めて雨漏りが発生したため、約10年前（雨漏りが起きる7年前）に外装総合改修工事を施工した業者に相談したところ、4階のバルコニーの防水が怪しいとのことで防水工事を実施したそうです。その後、雨漏りが無かったので、解決したと思っていたらしいのですが、1ヶ月前の強雨で雨漏りが再発したという経緯です。

〈雨漏り調査〉

1）現場調査及びヒアリングによる情報収集

　雨漏り調査の依頼を受け、現状把握のため下見とヒアリングをしました。1ヶ月前の雨漏りの際に入居者が撮影した動画を見ました。動画を確認すると、ダウンライトから流れ落ちるように雨水が落ちてきており、バケツで受けてもすぐに満杯になって溢れてしまうぐらい大量の漏水が起きていました。

　下見に行くまでの1ヶ月の間に、何度か雨が降った日がありましたが、雨漏りは起きなかったとのことです。また3年前の雨漏りはこれほどひどくなかったという情報も得ました。

　いずれにしても動画を見る限り、これほど大量の漏水があるのであれば、散水調査をすることによって漏水を再現できる可能性が極めて高いため、散水調査を提案し、実施することになりました。

2）仮説を立てる

　直上が4階バルコニーであることから、一般的にはバルコニーの防水に不具合がある可能性が考えられますが、3年前にウレタン塗膜防水を更新していること、漏水量があまりにも大量であること、その後の雨では漏水が起きていないことなどから、バルコニーの防水に雨漏りの原因（雨水浸入位置）がある可能性は低いと判断できます。仮にバルコニーの防水が雨

漏りの原因であったならば、強雨の時だけではなく、普通の雨でも雨漏りが起きるはずですが、この1ヶ月の間に降った雨では雨漏りが起きていません。また、過去の経験に照らし合わせても、バルコニー防水が原因の雨漏りで、あれほど大量の雨水が浸出する可能性は極めて低いと思われます。以上のことから、ひとまずバルコニー防水が雨漏りの原因ではないという前提で仮説を立てることにしました。

仮説1

何らかの要因により、強雨の時にバルコニーの排水口が詰まり、あるいは詰まり気味になり→バルコニー内に雨水が溜まって、プール状態になって→4階バルコニーの開口部などからオーバーフローして、室内側に雨水が浸入し→4階スラブに溜まった雨水が配管の貫通部やダメ孔などから3階へまわって→3階天井のダウンライト（雨水浸出位置）から浸出する。

仮説2

4階バルコニー壁側にある貫通部（エアコン配管、外部コンセント、ガス給湯器配管、給水管など）や、開口部（バルコニー出入り用の掃き出し窓サッシなど）と躯体との取合（貫通部まわり、開口部まわり）から雨水が浸入し→外壁の裏側（室内側）に回り込み→室内壁（ボード）の裏を流れ落ち→4階スラブに溜まった雨水が配管の貫通部やダメ孔などから3階へまわって→3階天井のダウンライト（雨水浸出位置）から浸出する。

仮説3

バルコニー笠木のジョイントや笠木とバルコニー壁の取合部から雨水が笠木の裏に浸入し→笠木内部の不具合箇所から防水層（竣工時からのアスファルト防水層）の裏に回り込み→4階スラブに浸透した雨水がスラブのひび割れ部などから3階へまわって→3階天井のダウンライト（雨水浸出位置）から浸出する。

3）雨漏り調査の実施

4階バルコニーの外壁に、ガス給湯器が設置されており、エアコン配管や外部コンセントと合わせて、6ヶ所もの貫通部があることから　仮説2　の

可能性が高いと判断し、まずは貫通部から散水調査を実施しました。

図1　雨水浸入の被疑箇所

　6ヶ所の貫通部（エアコン配管、外部コンセント×2、ガス給湯器のガス管、給水管、給湯管）全てに水がかかるように、エアコン配管の上部とガス給湯器上部の外壁に同時に散水を実施しました。

　散水開始からわずか10分ほどで、3階天井スラブのクラックから水滴が落ちてくることを確認しました。（漏水再現）

　そのまま散水を継続したところ、さらに30分ほど経過してからダウンライトから漏水が発生しました。（雨漏りの再現）

　以上の散水調査結果から、今回の雨漏りは4階バルコニー外壁の貫通部

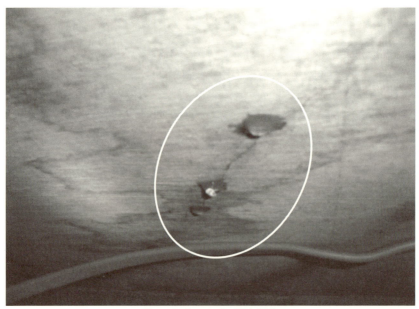

図2　天井スラブへ雨水浸出

図3　雨水浸出の再現

が原因だとわかりました。ただし、雨水浸入位置が1ヶ所ではない【複数浸入雨漏り】の可能性もあるため、念のためバルコニー出入り口掃き出し窓まわりや、 仮説3 の笠木と外壁の取合なども散水調査をして確認することにしました。

　バルコニー出入り口掃き出し窓まわり、及び笠木と外壁の取合を散水調査した結果、1時間半ほど散水し続けましたが、全く漏水は起きませんでした。また、その際にバルコニー床面にも大量の水が長時間流れていることから、バルコニー床のウレタン塗膜防水に不具合はない可能性が高いことが推察できます。

【原因特定】

　散水調査の結果から、本件の雨漏りのメカニズムは、 仮説2 の通り、4階バルコニー壁側にある貫通部（エアコン配管、外部コンセント、ガス給湯器配管、給水管など）と躯体との取合（貫通部まわり）から雨水が浸入し→外壁の裏側（室内側）に回り込み→室内壁（ボード）の裏を流れ落ち→4階スラブに溜まった雨水が配管の貫通部やダメ孔などから3階へまわって→3階天井のダウンライト（雨水浸出位置）から浸出していることがわかりました。

【対策】

　本件については、鉄筋コンクリート造であるため、原則として1次防水による処置で対応することになります。具体的には貫通部まわりをシーリング防水で処理する方法が一般的ですが、貫通部の処理において注意すべき点があります。それは給水管やエアコン配管のまわりを覆った保温材や断熱材の存在です。給水管や配管を覆った保温材・断熱材は言うまでもなく水分を含む素材ですので、断熱材ごとテープ巻きになっている配管の貫通部まわりを、そのままシーリング防水処理しても、テープの隙間や破れから浸入した雨水は、断熱材に含浸し、躯体の孔（貫通部）を通り抜け、

室内側に浸入することになります。貫通部の処理は、まず断熱材などを剥がして、給水管や配管をむき出しにしてから、躯体と配管の隙間をしっかりとシーリングで埋めることが重要です。

図4　テープを剥がす

図5　断熱材を剥がす

図6　躯体と配管の隙間を埋める

図7　断熱材とテープを戻す

　全ての貫通部を防水処理したあと、雨漏りが解決していることを確認するための散水試験を実施しました。

　これは雨漏りを再現した時と同じように散水を実施し、浸水が起きないかどうかを確認する試験です。この試験を実施することで正しく修理されているかどうかがわかります。

　散水調査の時と同様に、全ての貫通部に水がかかるよう散水して、90分以上かけ続けましたが、全く漏水は発生しませんでした。

図8　雨漏り修理後の散水試験

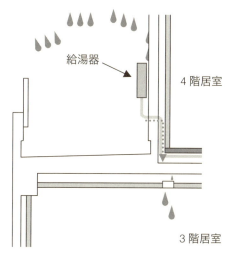

図9　浸水経路

雨の通り道で発生した大渋滞を緩和せよ

バルコニースラブ貫通ドレンから雨水浸入

【事件概要】

〈建物種別〉

賃貸店舗及び賃貸住宅（1階店舗、2階以上住居）

〈構造〉

鉄骨造4階建て

〈外装仕上げ〉

外壁＝押出成形セメント板、タイル貼り仕上げ

屋上＝加硫ゴムシート防水　ベランダ＝ウレタン防水

〈築年数〉

10年

〈雨漏り履歴〉

2005年頃に初めて雨漏りを認識。以降、年に数回の頻度で台風や集中豪雨の際に雨漏りが発生する。

〈雨漏り状況〉

・台風や集中豪雨の際に1階店舗の天井から雨漏りが発生する。

・ひどい時には床に水たまりができるほどの量になる。

・日常的な雨では雨漏りしない。

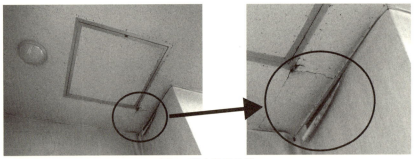

図1　雨水浸出位置

ヒアリングシート

現調日	2007 年 10 月 15 日 （月） 11 時 15 分		雨漏り診断士登録NO
			18-0002
名　称	■■■■■■■■■■	お名前 ■■■■■■	内田博昭
住　所	■■■■■■■■■■■	TEL ■■■■■■■■	
種　別	a. 戸建 （b. 集合住宅） c. ビル	用　途 （a. 住居） b. 会社 c. その他（　　　）	
構　造	a. 木造（軸組・壁式）　（b. 鉄骨）（ALC・押出セメン・ラスシート）　c. RC・SRC　　（4）階建て		
建物経年	築造（　10　）年		
改修履歴	雨漏り被疑箇所をシーリングによる応急処置の履歴あり（2006 年 11 月頃）		

種類・仕上	屋根	形状	a. 寄棟　　b. 片流れ　　c. 切り妻　（d. 陸屋根）　e. 他（ 切り妻・内樋 ）
		材料	a. 瓦（和・洋・コンクリート・防災）　b. スレート　c. 金属　d. シングル e. コンクリート押さえ　f. ウレタン　（g. シート）　h. FRP　i. 他（　　　）
	外壁	種類	a. モルタル　b. サイディング（窯業・鉄・アルミ）　c. タイル貼り　d. ALC塗装 （e. 他　　押出成形セメント板のタイル張り　）
		モルタル仕上	a. リシン　b. 吹き付けタイル　c. ジョリパット　d. スタッコ e. 他（　　　　）
	ベランダ		a. コンクリート押さえ（アス・シート・他／　　　　　）（b. ウレタン） c. シート　d. FRP　e. 他（　　　　）

漏水状況	漏水箇所	a. 東　　b. 西　　c. 北　（d. 南）　e. 北西　　f. 南東　　g. 南西　　h. 北東
		（1）階の　　クリーニング店の天井から雨漏り　2階ベランダドレンの真下部分
		a. 窓（出窓）上枠　b. 天井　c. 回り縁　d. 柱・梁　e. 点検口内　f. 鴨居　g. 床 他（　　　）
		a. 東　　b. 西　　c. 北　　d. 南　　e. 北西　　f. 南東　　g. 南西　　h. 北東
		（　）階の
		a. 窓（出窓）上枠　b. 天井　c. 回り縁　d. 柱・梁　e. 点検口内　f. 鴨居　g. 床 他（　　　）
	気付いたのは	H17 年の夏頃　｜　履歴 H18、19 年　｜　年に何回位 …（ 数 ）回
	雨　質	時間 a. 長 b. 中 （c. 短）　雨量（a. 多）b. 中 c. 少　風の強さ（a. 強）b. 中 c. 弱
	漏水形態	a. 濡れる　　b. 染みる　（c. 垂れる）　（d. 溜まる）　溜る量
	漏水までの時間	降り始めてから漏水するまでのおおよその時間は …（1～2）時間位
	止まるまでの時間	雨がやんでから漏水が止まるまでのおおよその時間は …（1～2時間 ）

摘　要

1) 長時間降っても雨漏りするわけではない（梅雨の長雨でも大丈夫）。
2) 南風の時＝南側ベランダ。
3) ゲリラ豪雨のような雨の時に雨漏りする。
4) 2 年ぐらい前から雨漏りし始める。
5) 施工業者の雨漏り調査でも原因特定できず（ベランダ水張り試験、ベランダ内各所散水試験など）。

2階
ドレン
ベランダ腰壁（手すり壁）
2階ベランダ
塩ビ管
雨水浸出位置
1階店舗

【原因調査】

〈雨漏り経緯〉

　雨水浸出位置は1階店舗の天井です。直上は2階住居のベランダになっています（ベランダは建物南面）。1997年竣工で、築8年目の2005年の夏、豪雨をともなう台風の時に、初めて雨漏りが発生しました。

　施工会社による雨漏り保証期間内だったので、当該物件を建築した施工業者に連絡し、対応を求めたところ、施工業者が雨漏り調査を実施することになりました。その時の調査の詳細は不明ですが、建築主から得た情報では、2階のベランダに水を張って、ベランダの防水自体に問題がないことを確認した上で、ベランダの壁やサッシまわりなどに散水試験をしたとのことでした。数日かけて調査を実施したものの、結果的に雨漏りの原因（雨水浸入位置）を特定するに至らず、とりあえず様子をみることになったとのことです。2005年は、そのあと大きな台風や集中豪雨もなく、雨漏りは起きませんでした。

　翌2006年9月、またしても豪雨をともなう台風の際に、雨漏りが発生したため、再び施工業者に連絡しました。改めて施工業者が雨漏り調査を実施しました。しかし、前回同様に数日かけて調査したものの、雨漏りの原因を特定するには至らなかったため、今度はベランダ内サッシまわりのシーリングを打ち替えるなどの対処をして様子をみることになりました。2006年はそれ以降大きな台風や集中豪雨もなく雨漏りは起きませんでした。

　翌2007年になると、台風で2度、集中豪雨で2度の雨漏りが発生しました。施工業者に再び連絡したところ、既に10年の瑕疵担保期間が過ぎてしまったので、今後の対応は有償になると言われました。それまでの経緯や対応に不満があったことと、既に信頼することができなくなっていたため、新たに雨漏り原因追及と補修工事を引き受けることになりました。

〈雨漏り調査〉

1）現場調査及びヒアリングによる情報収集

　雨漏り調査の依頼を受け、現状把握のため下見とヒアリングをしました。強い雨をともなう台風や集中豪雨のような短時間に集中して大量の雨が強く降った時にのみ雨漏りが発生することがわかりました。普通の雨では、長時間雨が降り続いた場合でも、雨漏りは発生していないとのことです（梅雨の時期に数日間雨が降り続いても雨漏りが発生していないことから）。また、風向きとしては南からの風が強い時に雨漏りが発生していることがわかりました。

　初めて雨漏りが確認されたあと、施工業者が雨漏り調査を実施しましたが、雨漏り原因の特定には至りませんでした。その時の調査において、2階ベランダの水張り試験を実施したにもかかわらず、漏水が再現しなかったこと、通常の雨では雨漏りが発生しないことなどから、ベランダの防水自体に不具合は無いと考えられます。

　竪樋（雨水用ドレン管）が屋上の縦引きルーフドレンから、各ベランダを中継して2階ベランダまで降りてきて、2階スラブを貫通したあと、1階の天井内で横に引いて外壁を貫通し、あらためて竪樋につなぐという複雑な形式となっています。このため集中豪雨などで雨の排水量が急激に増加した場合に、排水能力を超えてしまう可能性が高いと考えられます。

2）仮説を立てる

　1階の直上が2階ベランダであることから、一般的にはベランダの防水に不具合がある可能性が考えられますが、2年前に施工業者が実施した水張り調査の結果が正しいとすれば、ベランダの防水に不具合はないと判断できます。仮にベランダの防水に不具合があったならば、豪雨の時だけではなく、通常の雨でも雨漏りが起きるはずですが、通常の雨では長時間降り続いた時にも雨漏りが起きていません。以上のことから、ひとまずベランダ防水の不具合はないという前提で仮説を立てることにしました。

　豪雨の時にベランダの排水口が詰まり、あるいは詰まり気味になり→ベランダ内に水が溜まって、プール状態になって→2階ベランダの開口部などからオーバーフローして、室内側に雨水が浸入し→2階スラブに溜まった水が配管の貫通部などから1階へまわって→1階店舗の天井（雨水浸出位置）から浸出する。

仮説2

　竪樋（雨水用ドレン管）が各ベランダを中継して、2階ベランダまで降りてきて、2階ドレンを中継し、スラブを貫通したあと1階の天井内で横に引いてあるため、集中豪雨などで雨の排水量が急激に増加した場合、雨水用ドレン管のエルボー部分に雨水が一気に集中し→ドレン管に水圧がかかり→ドレン管のジョイント部分から雨水が染みだして→1階店舗の天井（雨水浸出位置）から浸出する。

仮説3

　仮説1 仮説2 に基づく調査で雨漏りが再現しなかった場合は、外壁面や腰壁周辺のいわゆる立面の可能性を探ることになります。具体的には外壁の開口部、貫通部、部材の取合い部の可能性を考えます。本件では豪雨の時にしか雨漏りが起きていないことから、通常の雨では濡れない場所を疑います。普段は雨があたらないベランダ内壁の開口部や貫通部に豪雨の時に雨が当たる→開口部や貫通部のシーリングの不具合などから、室内側に雨水が浸入し→2階スラブに溜まった水が配管の貫通部などから1階へまわって→1階店舗の天井（雨水浸出位置）から浸出する。

3）雨漏り調査の実施

　2階ベランダを確認したところ、仮説1 の「なんらかの要因により排水口が詰まりベランダ内に水が溜まってオーバーフローして雨漏りを起こす」については、排水溝の深さと立上りの高さから現実的ではないと判断しました。

　排水ドレン及びドレン管の不具合がないか確認するために排水ドレンに

向けて散水を開始しました。

　排水ドレンに2時間半散水しましたが、雨漏りは再現しませんでした。

　続いて、豪雨の際に雨水が一気に流れ込んで、2階排水ドレンに集中する状況を再現するため、バケツに溜めた水を排水ドレンに向けて一気に放水します。5回放水したあと、バケツを1つ増やしてバケツ2つで、同時に排水ドレンに向けて放水する試験を5回繰り返しました。

　少し時間が経過したあと、雨漏り現象が再現しました。タイムラグがあります。

　ドレン貫通部のまわりから少しずつ水が染みだしてきて、ドレン管を伝って流れ落ちてきました。 仮説2 の通りに雨漏りを再現することができました。

図2　被疑箇所（2階ベランダ排水ドレン）

図3　ホースによる散水

図4　バケツで大量に放水

図5　雨水浸出の再現①　　　　　　　図6　雨水浸出の再現②

【原因特定】

　散水調査の結果から、本件の雨漏りのメカニズムは、 仮説2 の通り、竪樋（雨水用ドレン管）が屋上の縦引きルーフドレンから、各ベランダを中継して、2階ベランダまで降りてきて、2階ドレンを中継し、スラブを貫通したあと、1階の天井内で横に引いてあるため、集中豪雨などで雨の排水量が急激に増加した場合、雨水用ドレン管の1階天井上のエルボー部分に全階から排水された雨水が一気に集中し→ドレン管に水圧がかかり→ドレン管のジョイント部分から雨水が染みだし→1階店舗の天井（雨水浸出位置）から浸出しているとわかりました。

【対策】

　本件については、抜本的な解決方法として、排水ドレン管の不具合部分を修理する必要がありますが、不具合部分がスラブに埋まっていることから、ドレンのみを部分的に修理することは非常に困難で現実的ではありません。そのため、まずは屋上から3階までの排水を2階部分で分岐して、2階ベランダの排水ドレンを中継させずに、別ルートで排出するための竪樋を新設しました。そうすることで、2階ベランダの排水ドレンは2階ベランダに吹き込む雨のみの排水経路となるため、これまでのように一気に全階分の大量の雨水が流れ込むことはなくなります。その上で2階ドレンに

改修用ドレンを設置して、ドレン管の不具合部分をカバーし、万一の漏水を防ぐことにしました。

図7　施工前①

図8　施工後②

図9　改修用ドレンの排水ホース

図10　竪樋の迂回工事

　上記写真のように、各階ベランダを中継していた竪樋を2階部分で分岐して屋上〜3階までの排水を迂回させました。こうすることで2階ベランダの排水ドレンに雨水が集中する事態はなくなります。

　改修用ドレンを設置する際は、改修用ドレンのホースを必ず竪樋まで落とし込みます。竪樋まで落とし込まなければ改修用ドレンを設置する意味がないと言っても過言ではありません。

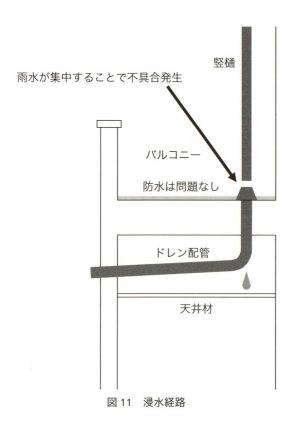

雨水が集中することで不具合発生

竪樋

バルコニー

防水は問題なし

ドレン配管

天井材

図 11　浸水経路

出口は1つ、入り口2つの複数浸入雨漏り
バルコニー水切りから雨水浸入

【事件概要】

〈建物種別〉

　戸建て住宅

〈構造〉

　木造壁式工法　2階建て

〈外装仕上げ〉

　外壁＝窯業系サイディング張り

　ルーフバルコニー＝既存シート防水の上にウレタン塗膜防水密着工法にて改修

〈築年数〉

　17年

〈雨漏り履歴〉

　2012年頃に初めて雨漏りを認識し、その1年後にリフォーム業者にてルーフバルコニー床防水を改修したものの、雨漏りの解決には至っていない。

〈雨漏り状況〉

　南西面1階和室照明器具内に雨水らしきものが溜まっていたり、雨水の痕跡と思われるシミができている。

ここに雨水が溜まっていた

図1　1階和室の照明器具

ヒアリングシート

現調日	2015 年　6 月　3 日　（金）　13 時　30 分		雨漏り診断士登録 NO 20-0082
名　称	████████	お名前　████████	原田芳一
住　所	████████	TEL　████████	

種　別	ⓐ. 戸建　b. 集合住宅　c. ビル	用　途	ⓐ. 住居　b. 会社　c. その他（1階コンビニ）
構　造	ⓐ. 木造（軸組・壁式）　b. 鉄骨（ALC・押出セメント・ラスシート）　c. RC・SRC　　（2）階建て		
建物経年	築造（ 17 ）年		
改修履歴	2 年前にバルコニー床をウレタン塗膜にて再防水		

種類・仕上

屋根	形状	ⓐ. 寄棟　b. 片流れ　c. 切り妻　d. 陸屋根　e. 他（　　　）
	材料	a. 瓦（和・洋・コンクリート・防災）　ⓑ. スレート　c. 金属　d. シングル e. コンクリート押さえ　f. ウレタン　g. シート　h. FRP　i. 他（　　　）
外壁	種類	a. モルタル　ⓑ. サイディング（窯業・鉄・アルミ）　c. タイル貼り　d. ALC 塗装 e. 他（　　　）
	モルタル仕上	a. リシン　b. 吹き付けタイル　c. ジョリパット　d. スタッコ e. 他（　1度塗り替えをしている　）
ベランダ		改修 ← a. コンクリート押さえ（アス・シート・他／　　　）　ⓑ. ウレタン ⓒ. シート　d. FRP　e. 他（　　　）

漏水状況

漏水箇所	既存　a. 東　b. 西　c. 北　d. 南　e. 北西　f. 南東　ⓖ. 南西　h. 北東
	（1）階の　和室　　→ シーリングライトの笠
	a. 窓（出窓）上枠　ⓑ. 天井　c. 回り縁　d. 柱・梁　e. 点検口内　f. 鴨居　g. 床 他（　　　）
	a. 東　b. 西　c. 北　d. 南　e. 北西　f. 南東　g. 南西　h. 北東
	（　）階の
	a. 窓（出窓）上枠　b. 天井　c. 回り縁　d. 柱・梁　e. 点検口内　f. 鴨居　g. 床 他（　　　）

気付いたのは	H24 年 5 月頃	履歴		年に何回位 …（　　　）回
雨　質	時間 a. 長 b. 中 c. 短	雨量 a. 多 b. 中 c. 少		風の強さ a. 強 b. 中 c. 弱
漏水形態	a. 濡れる　　b. 染みる　　c. 垂れる　ⓓ. 溜まる		溜る量	
漏水までの時間	降り始めてから漏水するまでのおおよその時間は …（　　　）時間位			
止まるまでの時間	雨がやんでから漏水が止まるまでのおおよその時間は …（　　　）			

摘　要

・気が付くとシーリングライトの笠内側にシミがあったり水がたまっている
・いつの雨でそうなったのかは不明
・2年前の防水後、しばらくは大丈夫だった気がする

【原因調査】

〈雨漏り経緯〉

　雨水浸出位置は1階南西側和室の天井です。その上部はルーフバルコニーと外壁との取り合い（接合）部になっています。3年ほど前に、照明器具内に水がたまったようなシミがあることに気がついたとのこと。その後、何度か掃除しても、気が付くと再びシミになっていたり、水が溜まっていたりしており、1年後にリフォーム業者に相談し、真上のルーフバルコニー床に対して防水工事を行ったとのこと。

　その工事後、一時は改善されたかと思われたが、再びシミが発生し、掃除しても気が付くとシミができているという、施工前と変わらぬ状況になってしまいました。

〈雨漏り調査〉

1）現場調査及びヒアリングによる情報収集

　雨漏り調査の依頼を受け、下見（状況確認）とヒアリング（情報収集）を行いましたが、ヒアリングでは雨漏り発生時の雨量や強さ、風向きなどの情報を得ることはほとんどできませんでした。照明器具内に水が溜まるか、シミができることで雨漏りを認識しているので、いつ雨漏りしたかがわからないのです。情報が少ない中、天井に雨漏りが原因と思われるシミがあることがわかりましたので、まずはその箇所を切って天井裏を確認することにしました。天井裏をのぞいてみると、梁周囲にわずかにシミがありました。梁の上にはルーフバルコニーへの出入口である掃き出し窓があり、その周囲の外壁にはサイディングが張られています。

2）仮説を立てる

　事前調査を行った日は雨天でしたが、雨漏りは発生していませんでした。このことはたいへん重要な手がかりになりました。とりあえず、その時点で雨がかかっている部位からは雨水が浸入していないと推察することができるからです。そこで、その時点において雨で濡れていた屋根とルーフバルコニー床、ならびにルーフバルコニーの手すり壁（腰壁）は、疑うべき

図2　建物外観

被疑箇所から除外しました。

仮説1

　ルーフバルコニー床のウレタン塗膜防水の端末部、掃き出し窓やサイディング下端に水切りがありますが、その下枠の裏側を疑います。

　防水層の弱点は、端末部やジョイントの張り合わせ部にあります。防水層は中央より端部がはがれやすいからです。また、この位置は現場調査時に雨がかりしておらず、濡れていませんでした。水切りは雨水浸出位置の真上にありますので、ここから浸入した雨水が梁を伝って和室天井に浸出している可能性が考えられます。

仮説2

　外壁サイディングとサッシなどとの取り合い（接合部）からの雨水浸入を疑います。サイディングボードの内側には防水シートが張られ（2次防水）、雨水の浸入を防ぐ最後の砦となっているのですが、そのシートになん

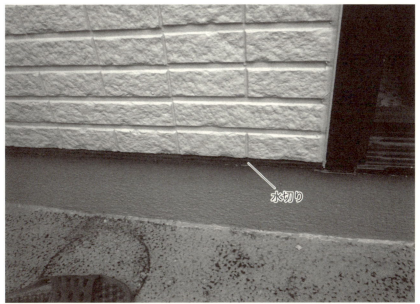

図3　水切り

らかの不具合があり、雨水が排出されずに階下の天井に浸出している可能
性が考えられます。なお、軒が出ているため、サイディングにも雨がかか
っていませんでした。

3）雨漏り調査の実施

まず、 仮説1 に従い、サイディングボードおよびサッシの水切り裏に散
水しました。

雨は原則として上から下に移動するため、本来であればこのように下か
ら上に向かって水をかけるべきではありませんが、サイディングに水がか
かってしまうと、 仮説2 のサイディング本体からの雨水浸入と区別がつ
かなくなってしまうため、サイディングに水がかからないようビニールで
養生したうえで、このような角度にて散水しました。

サイディングの表面を伝ってきた雨水が水切りでうまく切れずに防水層
の端末までまわりこんでしまうケースと、大雨の時にベランダに降った雨

図4　水切り裏側への散水

が跳ね返って水切り裏にまわるケースを想定しています。

　散水開始後 20 分で、天井開口部から水が出てきました。

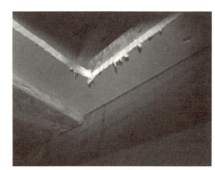

図5　雨漏り現象を再現

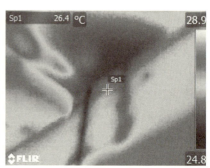

図6　同左（サーモグラフィー画像）

　次に、仮説2 に従い、サッシ上部のサイディングとの取り合いに散水しました。その際、水がかからないように水切りをふさぎました。

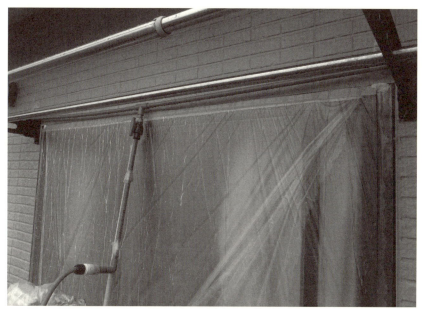

図7　サッシ上部への散水

　サッシ上部への散水では、散水器具を用い、サッシ枠すべてに水がかか
るようにしています。散水開始後40分で、天井の開口部から水が出てき
ました。

図8　雨漏り現象を再現

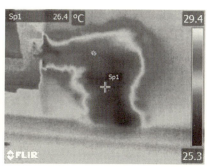

図9　同左（サーモグラフィー画像）

　このことから、水切り裏側の塗膜防水端末部の不具合と、サイディング

内側の防水シート（2次防水層）の不具合、この2ヶ所が雨水浸入位置であることがわかりました。

【原因特定】

　散水調査の結果から、本件の雨漏り浸水経路は、 仮説1 仮説2 の2通りのメカニズムが存在していることが明らかになりました。

　水切りの裏側に水をかけて浸出したので、防水層の端末部にすき間があり、そこを浸入位置として、下部への浸水経路が発生していることがわかります。

　構造体の表面に張りつけられている防水シートの不具合（図10のように水切りまで到達していないケースや、破れている箇所があるなど）により、サイディングのすき間やサッシ枠などから入った雨水が水切り表面から排出されず、下部への浸水経路が発生していることがわかります。

　したがって、本件は、雨水浸入位置が2ヶ所で、雨水浸出位置が1ヶ所である「複数浸入雨漏り」といえます。

【対策】

　本件の、特に図10の②については、サイディング内部の防水シートが不具合をきたしていることは間違いないので、既存のサイディングを撤去して内部の防水シートを適切に張り替える方法になります。

　入居者がそこまでの工事を望んでいないことから、複数の雨水浸入位置のそれぞれにシーリングによる止水処理を施しました。

①ルーフバルコニー防水端末部からの雨水浸入

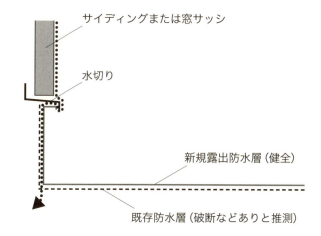

サイディングまたは窓サッシ

水切り

新規露出防水層（健全）

既存防水層（破断などありと推測）

②サイディング内部防水シートの不具合による雨水浸入

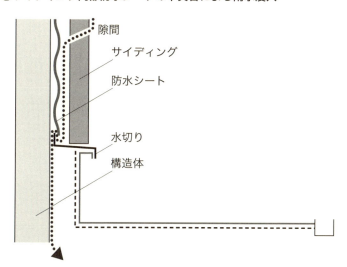

隙間

サイディング

防水シート

水切り

構造体

図10　雨水の浸入経路

バルコニー氾濫！
もしもの時の逃げ道を確保しよう

バルコニー排水詰りによる水溜まりから雨水浸入

【事件概要】

〈建物種別〉

店舗付き集合住宅

〈構造〉

鉄筋コンクリート造　6階建て

〈外装仕上げ〉

外壁＝コンクリート打放し仕上げ及び二丁掛けタイル貼り仕上げ

屋根＝アスファルト防水押えコンクリート（ウレタン塗膜防水に改修済）

〈築年数〉

17年

〈雨漏り履歴〉

今回、初めて雨漏りした。

〈雨漏り状況〉

日中から降り続いていた雨が、夜通し降り続いており、明け方未明に一時的にゲリラ豪雨のような大雨となった時間帯に、突然4階居室の天井から大量の雨漏りが発生しました。雨漏りはしばらくの間継続し対応に追われたとのことです。その後、雨は降り続いたにもかかわらず、しばらくすると雨漏りは止まり、その後再発することはありませんでした。今まで、雨漏りは全くなく、初めての雨漏りです。あまりにも漏水の量が多かったため、最初は給水管のトラブルかとも考えていましたが、時間の経過とともに止まったため、雨漏りの可能性が高いと判断して、朝一番に連絡が入りました。

ヒアリングシート

現調日	2012 年　7 月　20 日　（木）　10 時　30 分		雨漏り診断士登録NO 19-0014
名　称	▆▆▆▆▆▆▆▆▆	お名前　▆▆▆▆▆	藤田裕二
住　所	▆▆▆▆▆▆▆▆	TEL　▆▆▆▆▆	

種　別	a. 戸建　(b. 集合住宅) c. ビル		用　途	(a. 住居) b. 会社 (c. その他(　1階店舗　))
構　造	a. 木造（軸組・壁式）　b. 鉄骨（ALC・押出セメント・ラスシート）　(c. RC・SRC)　（6）階建て			
建物経年	築造（　17　）年			
改修履歴	数年前にウレタン塗膜防水実施			

種類・仕上	屋根	形状	a. 寄棟　　b. 片流れ　　c. 切り妻　　(d. 陸屋根)　　e. 他（　　　）
		材料	a. 瓦(和・洋・コンクリート・防災)　b. スレート　c. 金属　d. シングル (e. コンクリート押さえ)　(f. ウレタン)　g. シート　h. FRP　i. 他（　　　）
	外壁	種類	a. モルタル　b. サイディング(窯業・鉄・アルミ)　(c. タイル貼り)　d. ALC塗装 (e. 他)（　コンクリート打ち放し　）
		モルタル仕上	a. リシン　b. 吹き付けタイル　c. ジョリパット　d. スタッコ e. 他（　　　）
	ベランダ		(a. コンクリート押さえ)　(アス)シート・他／　　　　）　(b. ウレタン) c. シート　d. FRP　e. 他（　＋保護モルタル　）

漏水状況	漏水箇所	a. 東　(b. 西)　c. 北　d. 南　e. 北西　f. 南東　g. 南西　h. 北東
		（4）階の
		a. 窓(出窓)上枠　(b. 天井)　c. 回り縁　d. 柱・梁　e. 点検口内　f. 鴨居　g. 床 他（　　　）
		a. 東　　b. 西　　c. 北　　d. 南　　e. 北東　　f. 南東　　g. 南西　　h. 北東
		（　）階の
		a. 窓(出窓)上枠　b. 天井　c. 回り縁　d. 柱・梁　e. 点検口内　f. 鴨居　g. 床 他（　　　）
	気付いたのは	明け方未明 ｜ 履歴　なし ｜ 年に何回位 …（　　）回
	雨　質	時間 (a. 長) b. 中 c. 短 ｜ 雨量 (a. 多) b. 中 c. 少 ｜ 風の強さ (a. 強) b. 中 c. 弱
	漏水形態	a. 濡れる　　b. 染みる　　c. 垂れる　　(d. 溜まる)　｜ 溜る量 ▨
	漏水までの時間	降り始めてから漏水するまでのおおよその時間は …（ 不明 ）時間位
	止まるまでの時間	雨がやんでから漏水が止まるまでのおおよその時間は …（ 2～3時間 ）

摘　要
・雨漏り箇所の真上は室内

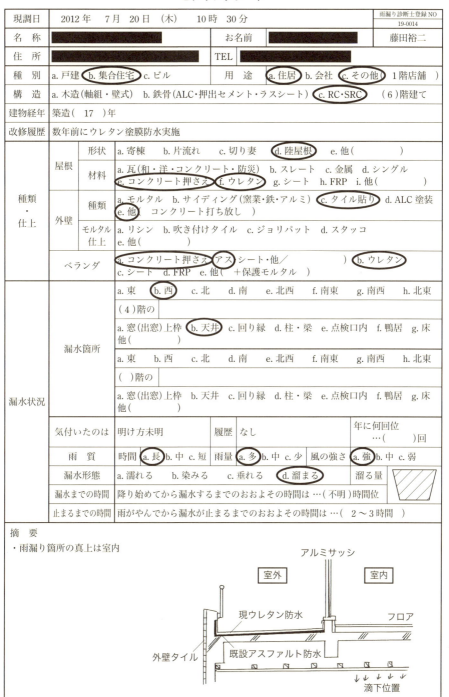

【原因調査】

〈雨漏り調査〉

1）現場調査及びヒアリングによる情報収集

　雨漏り調査の依頼を受け、下見とヒアリングを実施しました。4階の室内では広範囲に渡り、天井に濡れ跡を確認しました。洋室や廊下、台所に雨漏りがあったことがわかりました。ヒアリングによると、雨漏りは突然始まり、就寝中のベッドにも落滴してきたらしく、とても驚いたとのことです。各室共に床がびしょびしょになってしまい、タオルなどで拭き取っていたものの一時は追いつかないほどの量が降り注いだとのことでした。

　次に上階を確認しました。直上階（5階）はルーフバルコニーになっていました。当該ルーフバルコニーは、近年防水工事を実施しており、現在はウレタン塗膜防水仕上げとなっています。ウレタン防水の上にスノコを据え付けてありました。スノコは固定されておらず、自重だけで安定して

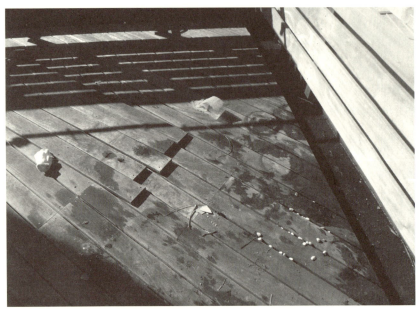

図1　直上階ルーフバルコニーの現況

おり、動くことはないとのことでした。特に塗膜防水層に傷を付けたり、防水性能に悪影響を与えた様子は現状では読み取れませんでした。また、植栽の鉢植えが数個置いてありましたが、そのうち軽い鉢植えがなぜか普段ある位置から移動していたことがわかりました。なお、ドレン（排水口）は1ヶ所しかなく、枯れ枝が覆い被さった状態でした。

2）仮説を立てる

バルコニー内にあった枯れ枝や枯葉が、一か所しかないドレン（排水口）に集中し、ドレンを塞いでいました。ドレンが詰まって排水能力を失っていた可能性が考えられます。枯れ枝を除去するとドレンが現れました（図2はストレーナーも取り外した状態）。

図2　ルーフバルコニー排水口の現況

防水改修工事の際に改修用ドレンを取り付けたようで、元々のドレンより径が小さくなっています。そこに枯れ枝などが覆い被さることで、ドレンが詰まってしまい、雨水の排出が滞り、バルコニーがプール状態になっ

たと推察されます。プール状になって雨水の水かさが上がり、立ち上がり部分の原因箇所にまで到達し、オーバーフローして室内側に大量に浸入したと考えられます。室内側のコンクリート床面に浸入した雨水は床面の貫通配管廻りなどから下階に到達したと推察できます。

3）雨漏り調査の実施

スノコの下に原因がある可能性も捨てきれないので、既存のスノコを一時解体し調査の準備をします。

床面などを目視調査したあと、掃き出しサッシの下部に散水を開始しました。床面からの高さは 70mm です。

図3　調査準備：スノコ解体

当該箇所に散水開始30分後、4階の天井内に試験水の浸出を確認しました。躯体であるスラブコンクリートに設けられた「ダメ孔」の周辺から浸出しているように見えます（「ダメ孔」とは、コンクリート造の建物で躯体構築中に主に転用型枠材を上階に上げるために設置された、工事中のみに使用する作業孔。仕上げ工事の前にコンクリートなどで塞がれるが接合部分の止水効果は低いことが多い）。

やはり5階の床上に水が溜

図4　浸入箇所と思われるサッシ水切り金物の下端

まっているようで、一度浸出した水は散水を止めても、しばらくの間漏れ続けていました。天井ボードの下地である軽量鉄骨部材が樋のようになって雨水が遠くまで運ばれてしまったようで、広範囲で雨漏りとなって浸出したことがわかります。

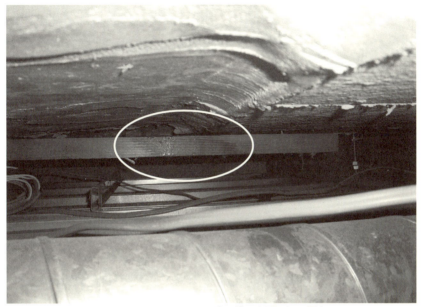

図5　コンクリートスラブのダメ孔周辺から浸出

　この散水調査によって雨が浸入したと思われる場所は判明しましたが、その高さに到達する前の別の場所に雨の浸入口が無いとは限りません。確認のため、水張り試験を実施して、掃き出しサッシの下部に到達しないギリギリのところまで水を張ってみました。もし、他にも雨水侵入位置が存在するのであれば、水張りの途中で雨漏りが再現されるはずです。しかし、満水状態にしたうえで数時間放置したにもかかわらず、どこからも雨漏りが再現されることはありませんでした。

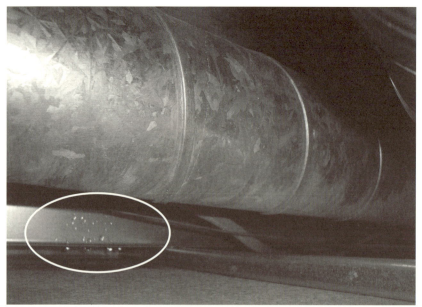

図6　試験水の落下状況

【原因特定】

　5階のバルコニーでは、スノコの上に植栽を数個置いてありました。あまり手入れはされていなかったようで、既に枯れ木になっている鉢植えが多かったようです。また、排水溝やドレン廻りの清掃を行うことは稀で、枯れ枝や枯葉がドレン廻りに集まっており、さらに土砂なども堆積し、雨水が流れにくくなっていたと推察できます。そこにゲリラ豪雨によって大量の雨水が降り注いだ時、ルーフバルコニー内の水位がサッシ水切りの高さまで到達したと考えられます。サッシ下の防水端末にあった隙間から雨水が室内側に大量に浸入し、短時間の内に5階のフローリングの床下に溜まってしまい、スラブのダメ孔から下階に浸出したことが推察できます。スラブに溜まった水が無くなるまで4階に流出し続けたと思われます。スノコ上の軽い鉢植えの位置が移動したのは、満水時にプカプカ浮いて流されたからだと考えられます。

【対策】

　まずは直接の雨水浸入位置であるサッシ下端の防水端末については、今後も満水による雨漏りの可能性があるという前提に立ち、念のためにウレタン塗膜防水で塞ぐことにしました。

図7　サッシ水切り金物下をウレタン塗膜防水処理

　立ち上がりの高さがもう少しあれば、さらに雨仕舞を考慮した納め方が可能だったと思います。

　次に、今回と同じように万一ドレンが詰まってしまった場合に備え、オーバーフロー管を設置することにしました。排出量を考えてサイズは 40 φとしました。コア抜きしてオーバーフロー管を差し込みます。

　ウレタン塗膜防水で防水層と一体化させ目皿を取り付ければ完了です。

　バルコニーの周辺がパラペットなどで閉ざされたエリアになってしまっている形状の場合、ドレンの不具合が重大な雨漏り事故に直結します。バルコニーや屋上に植栽などがある場合はこまめな点検や清掃が必要不可欠

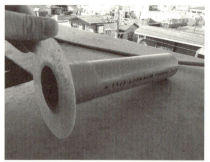

図8 オーバーフロー管本体

図9 オーバーフロー管の設置状況

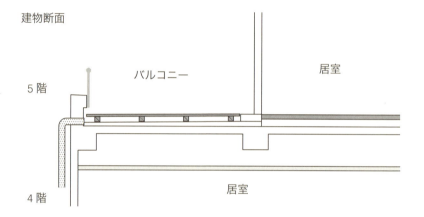

建物断面

5階

バルコニー　　　　　　居室

4階

居室

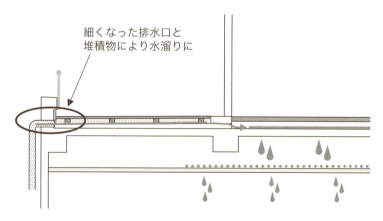

細くなった排水口と
堆積物により水溜りに

図10 雨水の浸入経路

と言えるでしょう。

　今回の事例は雨漏りの経路自体は防水の端末であり、比較的に単純なものでしたが、ただそれだけで終わらせるのではなく、その他の危険要因が残っていないかの調査もしたことで、先々の安心感に差が出ると考えています。目視と散水調査で雨漏りの原因を探り、原因がわかったら修理・改善し、さらには万が一のためにオーバーフロー管を設置することで、雨漏りのリスクは限りなく低くなります。

3面交点はリスクの交差点

バルコニー笠木と本体取合い部から雨水浸入

【事件概要】

〈建物種別〉

　木造戸建て住宅

〈構造〉

　木造2階建て

〈外装仕上げ〉

　外壁＝サイディング張り

　屋根＝平板スレート瓦

　ベランダ＝FRP防水＋保護モルタル仕上げ

〈築年数〉

　築14年

〈雨漏り履歴〉

　築14年経ってはじめてシミ跡を発見し雨漏りに気が付いた。

〈雨漏り状況〉

　湿っていたり、濡れている現象は確認していないが、シミ跡が広がっている。2年前にエアコンを取り替えた時は、シミ跡は付いていなかった。

図1　雨水浸出位置

ヒアリングシート

現調日	2015年　2月　24日　（火）　10時　00分		雨漏り診断士登録NO 20-0001

名　称	████████	お名前	████████　高松洋平
住　所	████████	TEL	████████

種　別	(a.戸建) b.集合住宅　c.ビル	用　途	(a.住居) b.会社　c.その他（　　　）

構　造	(a.木造)(軸組)・壁式)　b.鉄骨（ALC・押出セメント・ラスシート）　c.RC・SRC　（2）階建て

建物経年	築造（　14　）年

改修履歴	なし

種類・仕上	屋根	形状	(a.寄棟)　b.片流れ　　c.切り妻　　d.陸屋根　　e.他（　　　）
		材料	a.瓦（和・洋・コンクリート・防災）　(b.スレート)　c.金属　d.シングル e.コンクリート押さえ　f.ウレタン　g.シート　h.FRP　i.他（　　　）
	外壁	種類	a.モルタル　(b.サイディング)　(窯業)鉄・アルミ）　c.タイル貼り　d.ALC塗装 e.他（　一部タイル貼り　）
		モルタル仕上	a.リシン　b.吹き付けタイル　c.ジョリパット　d.スタッコ e.他（　　　）
	ベランダ		a.コンクリート押さえ（アス・シート・他／　　　）　b.ウレタン c.シート　(d.FRP)　(e.他)　＋保護モルタル　）

漏水状況	漏水箇所	a.東　　b.西　　c.北　　d.南　　e.北西　　f.南東　　(g.南西)　　h.北東
		（1）階の　　和室天井と壁の境
		a.窓（出窓）上枠　b.天井　c.回り縁　d.柱・梁　e.点検口内　f.鴨居　g.床 他（　　　）
		a.東　　b.西　　c.北　　d.南　　e.北西　　f.南東　　g.南西　　h.北東
		（2）階の　　床の間の壁
		a.窓（出窓）上枠　(b.天井)　(c.回り縁)　d.柱・梁　e.点検口内　f.鴨居　g.床 他（　　　）

	気付いたのは	2〜3か月前	履歴		年に何回位 …（　　　）回
	雨　質	時間 a.長 b.中 c.短	雨量 a.多 b.中 c.少	風の強さ	a.強 b.中 c.弱
	漏水形態	a.濡れる　　b.染みる　　c.垂れる　　d.溜まる		溜る量	
	漏水までの時間	降り始めてから漏水するまでのおおよその時間は…（　　　）時間位			
	止まるまでの時間	雨がやんでから漏水が止まるまでのおおよその時間は…（　　　）			

摘　要

湿っていたり、濡れていたりしていることは確認していないが、シミ跡が付いていたので分かった。
エアコンを取り替えた時は、シミ跡はなかった（2年前）。

※雨漏り再現調査のお見積りを提出いたします。

【原因調査】

〈雨漏り経緯〉

　雨水浸出位置と思われる部位は、1階の天井及び壁部分です。

　2〜3ヶ月前にシミ跡に気付き、2年前にエアコンを取り替えた時には、シミ跡が付いていなかったと記憶しているので、経過を観察していると、シミ跡が広がりを見せていました。ただし、普段頻繁に使用している部屋ではないため、湿っていたり、濡れている状態では確認は取れていないとのことでした。

図2　雨水浸出部分の外観

〈雨漏り調査〉

1）現場調査及びヒアリングによる情報収集

　雨漏り調査の依頼を受け、下見とヒアリングをした結果、雨水の浸出は確認していないため、雨漏りではない可能性もあることを理解いただき、疑わしい部位の散水調査を行う計画としました。

平面図でシミ跡がある部位と、2階のベランダの位置関係の確認を行います。

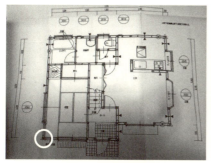
図3　1階平面図

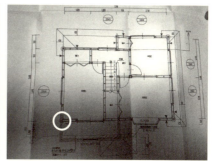
図4　2階平面図

　漏れている部位の直上がルーフバルコニーとなっており、図面で位置関係を確認すると、手摺壁の真下付近に、シミ跡が確認されているため、手摺壁の天端の笠木等を重点的に確認します。また、ベランダの手摺壁内側は、サイディングが直張りで外壁通気層なしであることを確認しました。

2）仮説を立てる

仮説1

　バルコニー手摺天端の笠木と手摺柱の取り合い部から雨水が浸入し、透湿防水シートの裏側に雨水が廻り流下するか、透湿防水シートの上を通り、サイディングが直貼りのため、水切りから排水されにくく内部で滞留することにより透湿防水シートの裏に雨水が廻り、下階へ流下するのではないかと疑います。

仮説2

　手摺笠木と外壁の交点、いわゆる3面交点部を疑います。3面交点部は透湿防水シートを納める時に弱点になりやすい部分になります。この部分から透湿防水シートの裏側に雨水が廻り下階へ流下するのではないかと考えます。

3）雨漏り調査の実施

　3面交点部及び天端笠木と手摺柱の取り合い部に散水を行い、状況を確認します。

　約10分程度で雨水浸出を確認しました。ただし、3面交点部及び手摺柱の両方に散水の水が掛かってしまっているため、3面交点部と手摺柱それぞれ分けて、再度散水の調査を行いました。

　3面交点部のみに掛かるように散水を行うと、やはり10分程度で雨水の浸出を確認しました。

　手摺柱のみに掛かるように散水を行うと、今まで雨水が浸出していた時間は約10分程度でしたので、5倍の50分間散水を行いましたが、室内への浸出はありませんでした。

図5　3面交点及び笠木と手摺柱取り合い部へ散水

図6　3面交点のみ散水

図7　笠木と手摺柱取り合い部のみ散水

【原因特定】

　散水調査の結果から、本件の雨漏りメカニズムは、仮説2の通り、バルコニーの3面交点部から雨水が浸入し、透湿防水シートの裏に廻り、1階の天井から浸出していると考えられます。

【対策】

　3面交点からの雨水浸入のため、笠木を取り外し、壁も一部撤去して透湿防水シートの不具合を解消しなければ、雨漏りは止められないと考えられます。天端笠木と外壁の取合いにシーリング材を充填すれば、一時的には雨漏りを止めることは出来るかもしれませんが、充填したシーリング材が劣化すれば、また雨漏りが再発します。

　実際に壁や天端笠木を撤去すると、透湿防水シートには雨水が浸入し、滞留していたシミ跡がはっきりと残っています。

図8　透湿防水シートのシミ跡

図 9　3 面交点部透湿防水シートの孔

図 10　工事完了後の確認散水

また、天端部分の透湿防水シートには穴が開いていました。

　ここが雨水の浸入位置で、透湿防水シートの裏に雨水が廻っていました。この交点となる部位は弱点となりやすい、納めにくい部分ではありますが、さらに言えば、パラペット天端部分は屋根として考えなければならない部分であり、透湿防水シートでは役不足であり、本来はルーフィングなどを用いなければなりません。

　工事後に、再度散水を90分行い、漏れてこないことを確認して、無事雨漏り修理が完了しました。

Case 3-5R バルコニー

RC造・腰壁の水切りアゴに要注意
パラペットの水切り不良から雨水浸入

【事件概要】

〈建物種別〉

　テナントビル

〈構造〉

　鉄筋コンクリート造　3階建て

〈外装仕上げ〉

　外壁＝吹付けタイル仕上げ＋磁器タイル張り

　屋上＝ウレタン塗膜防水

〈築年数〉

　43年

〈雨漏り履歴〉

　途中でオーナーチェンジしているうえ、普段ほとんど使用していない事務所だったので初めて雨漏りが発生した時期は不明。3年ほど前に初めて雨漏りに気がついた後、大雨のたびに雨漏りしています。

〈雨漏り状況〉

　年に4〜5回、大雨の際に3階事務所の天井スラブから雨水が浸出します。バケツに溜まるぐらいの量が出る場合もあります。

図1　雨水浸出位置

ヒアリングシート

現調日	2016 年　10 月　4 日　（火）　10 時　00 分			雨漏り診断士登録NO 22-0131
名　称	████████████	お名前	████████	今野昇
住　所	████████████████	TEL	████████	

種　別	a. 戸建　b. 集合住宅　（c. ビル）	用　途	a. 住居　b. 会社　（c. その他　1〜2階店舗、3階事務所）

構　造	a. 木造（軸組・壁式）　　b. 鉄骨（ALC・押出セメント・ラスシート）　（c. RC・SRC）　　（3 ）階建て

建物経年	築造（ 43 ）年

改修履歴	外装塗装工事をこれまでに複数回実施している

種類 ・ 仕上	屋根	形状	a. 寄棟　b. 片流れ　c. 切り妻　（d. 陸屋根）　e. 他（　金属屋根　）
		材料	a. 瓦（和・洋・コンクリート・防災）　b. スレート　c. 金属　d. シングル e. コンクリート押さえ　（f. ウレタン）　g. シート　h. FRP　i. 他（　　　）
	外壁	種類	a. モルタル　b. サイディング（窯業・鉄・アルミ）　（c. タイル貼り）　d. ALC 塗装 e. 他（　※タイル面防水塗装　）
		モルタル 仕上	a. リシン　（b. 吹き付けタイル）　c. ジョリパット　d. スタッコ e. 他（　　　）
	ベランダ		a. コンクリート押さえ（アス・シート・他／　　　　　）　（b. ウレタン） c. シート　d. FRP　e. 他（　　　　）

漏水状況	漏水箇所	a. 東　b. 西　c. 北　d. 南　e. 北西　f. 南東　（g. 南西）　h. 北東
		（3 ）階の　｜天井、スラブ、梁の周辺から漏水あり
		a. 窓（出窓）上枠　（b. 天井）　c. 回り縁　（d. 柱・梁）　e. 点検口内　f. 鴨居　g. 床 他（　　　）
		a. 東　b. 西　c. 北　d. 南　e. 北西　f. 南東　g. 南西　h. 北東
		（　）階の
		a. 窓（出窓）上枠　b. 天井　c. 回り縁　d. 柱・梁　e. 点検口内　f. 鴨居　g. 床 他（　　　）
	気付いたのは	9月の大雨の時　｜履歴｜過去に1回同様の雨漏り｜年に何回位 …（4〜5）回
	雨　質	時間（a. 長）b. 中 c. 短　雨量（a. 多）b. 中 c. 少　風の強さ　a. 強（b. 中）c. 弱
	漏水形態	a. 濡れる　b. 染みる　（c. 垂れる）　d. 溜まる　｜溜る量
	漏水までの時間	降り始めてから漏水するまでのおおよその時間は …（ 不明 ）時間位
	止まるまでの時間	雨がやんでから漏水が止まるまでのおおよその時間は …（　不明　）

摘　要
1) 普段人がいない空き室のため、雨漏り発生時の詳しい状況は不明
2) 大雨のあと見に行くと置いてあるバケツに水が溜まっている。
3) 点検口から天井の中を確認するとスラブの漏水跡（濡れている）が確認できる。
4) 漏水しているスラブの上は屋上。
5) パイプシャフトまでは距離がある。

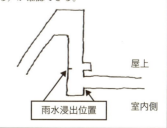

屋上

雨水浸出位置　　　室内側

【原因調査】

〈雨漏り経緯〉

　雨水浸出位置は、3階天井スラブの入隅部分です。天井の点検口から覗くと、スラブの角に大量の雨漏り跡が確認できます。大雨の後には、スラブと壁のコンクリートが濡れているのも確認できるとのことです。最上階の天井から雨漏りしているため、屋上防水に問題があると考えて、防水工事業者による屋上防水工事を施工しましたが、屋上防水工事後も雨漏りが止まらなかったため、調査の依頼がありました。

〈雨漏り調査〉

1）現場調査及びヒアリングによる情報収集

　雨漏り調査の依頼を受け、下見とヒアリングをした結果、風の強さや風向きとの関連性は低いことがわかりました。豪雨であっても短時間であれば、雨漏りが発生しないこともあります。中程度の強さの雨が数日間降り続いた場合や、かなり強い雨が半日ぐらい降った場合に雨漏りが発生することから、降水量及び降雨時間との関連性が強いことがわかります。

　屋上のウレタン塗膜防水は施工してから日が浅く、目視で点検した限りにおいては、特に異常は見られませんでした。腰壁の水切りアゴ部分を点検したところ、本来は設けられているはずの水切り溝が設けられていないことがわかりました。また、水切りアゴの裏面にはウレタン塗膜防水が施工されていませんでしたが、これは防水工事における一般的なおさまり（施工方法）と言えます。

2）仮説を立てる

仮説1

　最上階の天井に雨水が浸出していることから、まずは屋上防水床面の不具合を疑います。ただし、本件の場合は、大雨の際にしか雨漏りが発生しないこと、ウレタン塗膜防水による屋上防水工事を実施してから日が浅いこと、目視点検において既存のウレタン塗膜防水に特に異常が見られなかったこと等から、屋上防水が雨漏りの原因（雨水侵入位置）である可能性

は低いと思われます。

仮説2

　次に屋上パラペット（立上り）部分を疑います。腰壁の水切りアゴの裏面に水切り溝がないため、大雨が降った際、本来であればあまり雨に濡れないはずのパラペット上部が雨水で濡れる可能性が高いからです。

仮説3

　最後に腰壁の水切りアゴの裏面を疑います。前述の通り水切りアゴに水切り溝が設けられていないため、腰壁から流れてきた雨水が水切りアゴで切れずにアゴの裏面を濡らします。

　アゴの裏面には防水工事のセオリー通り、塗膜防水を施工していない（塗膜を施工すると湿気や水分によって膨れが生じトラブルの原因になる可能性がある）ため、躯体が露出しています。また、建物が古くコンクリートの中性化も進行しています。

　露出している水切りアゴの裏面部分が濡れると雨水を吸い上げる可能性が考えられます。吸い上げられた雨水はパラペットのアスファルト防水の裏にまわる可能性が高く、アスファルト防水の裏に浸入した雨水は、スラブの脆弱部やひび割れから下階に浸出することが考えられます。

3）雨漏り調査の実施

　まずは腰壁水切りよりも下のパラペット部分に散水することにしました。この散水によって 仮説1 （屋上防水床面）と 仮説2 （パラペット＝立上

図2　パラペットへの散水調査

り）を同時に検証することが可能です。

　３時間散水しましたが、雨水浸出位置に変化はありませんでした。

図３　雨水浸出再現なし

　次に、仮説３ を検証するために、腰壁の水切りアゴに散水します。

図４　水切りアゴに散水

水切り溝がないので、上から流れてきた水が切れずにアゴの裏面にまわりこみます。

図5　水切りアゴに散水

　45分ほど散水すると3階天井スラブの入隅から水が滲んできました。

図6　雨水浸出の再現

散水を続けたところ漏水量がどんどん増えてきました。

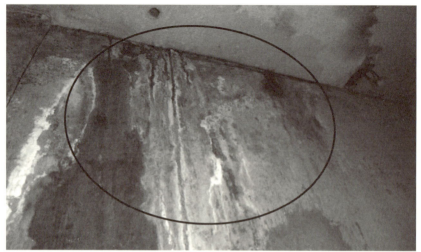

図7　大量に漏水

　念のため、翌日に再検査をしました。今度は最初に水切りアゴに散水します。

図8　あらためて水切りアゴに散水

やはり1時間ほどで漏水を再現しました。

図9　雨水浸出の再現（2度目）

　次に、浸出位置で完全に漏水が乾くのを待ってから、あらためて水切りアゴよりも下のパラペット部分に散水します。

図10　あらためてパラペットに散水　　　　図11　雨水浸出再現せず

3時間散水しましたが漏水は起きませんでした。

【原因特定】

　散水調査の結果から、本件の雨漏りのメカニズムは、 仮説3 の通り、腰壁から流れてきた雨水が水切りアゴに水切り溝がないため、切れずにアゴの裏面を濡らす→アゴの裏面の躯体が露出している面が雨水を吸い上げる→吸い上げられた雨水はパラペットのアスファルト防水の裏にまわる→アスファルト防水の裏にまわった雨水がスラブの脆弱部やひび割れから下階に浸出することがわかりました。

【対策】

　腰壁の水切りアゴで確実に水が切れるようにする必要があります。今から新たに水切り溝を設ける工事は現実的ではない（作業性が悪く施工困難）ので、アゴの部分にアルミの平板やアングルを取り付けるなどして、上から流れてきた雨水が、水切りアゴの裏面にまわりこまないように雨仕舞をします。アゴテープ（商品名）などの専用部材を使用する方法もあります。いずれにしても腰壁の水切りアゴの本来の目的は、上から流れてきた雨水の流れを断つことなので、本来の機能を取り戻す工夫をすることが大切です。

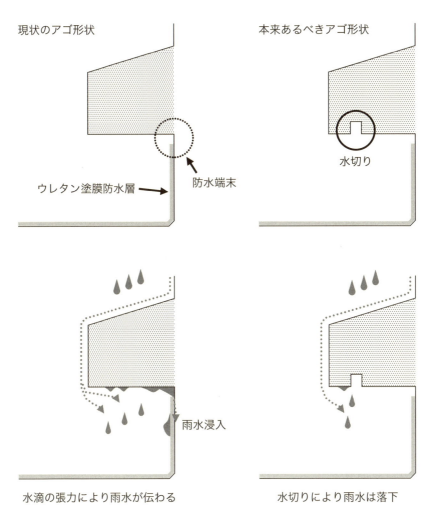

図12　浸水経路とメカニズム

現状のアゴ形状

本来あるべきアゴ形状

水切り

ウレタン塗膜防水層

防水端末

雨水浸入

水滴の張力により雨水が伝わる

水切りにより雨水は落下

Case 3-6W　バルコニー

あと付けバルコニーにリスクあり

バルコニー取り付け部の下葺き材不良による雨水浸入

【事件概要】

〈建物種別〉

　個人住宅

〈構造〉

　木造軸組工法　2階建て

〈外装仕上げ〉

　外壁＝窯業系サイディングボード張り仕上げ

　バルコニー＝アルミ製片持ち（柱なし）

〈築年数〉

　19年

〈雨漏り履歴〉

　2012年4月頃に初めて雨漏りを認識し、すぐに建築した工務店に有償にて修理してもらったが解決せず。2013年4月にご主人がシーリング処理を施した結果、一時期おさまっていたが、2015年8月と9月に2度雨漏りした。

〈雨漏り状況〉

　南面1階洋室の掃き出し窓上枠より水滴が垂れる。

図1　雨水浸出位置

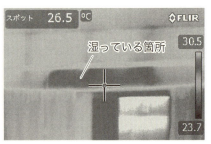
図2　同左（サーモグラフィー）

ヒアリングシート

現調日	2015 年　9 月　20 日　（日）　9 時　30 分		雨漏り診断士登録NO 20-0082
名　称	■■■■■■■■	お名前	■■■■■■ 原田芳一
住　所	■■■■■■■■ TEL ■■■■■■		
種　別	(a. 戸建) b. 集合住宅　c. ビル　用　途　(a. 住居) b. 会社　c. その他（　　）		
構　造	(a. 木造)(軸組)・壁式）　b. 鉄骨（ALC・押出セメント・ラスシート）　c. RC・SRC　（2）階建て		
建物経年	築造（　19　）年		
改修履歴	雨漏り発生時に建てた工務店にて補修（工法不明）		

種類・仕上	屋根	形状	(a. 寄棟)　b. 片流れ　c. 切り妻　d. 陸屋根　e. 他（　　）
		材料	a. 瓦（和・洋・コンクリート・防災）　(b. スレート)　c. 金属　d. シングル e. コンクリート押さえ　f. ウレタン　g. シート　h. FRP　i. 他（　　）
	外壁	種類	a. モルタル　(b. サイディング)(窯業)鉄・アルミ）　c. タイル貼り　d. ALC 塗装 e. 他（　　）
		モルタル仕上	a. リシン　b. 吹き付けタイル　c. ジョリパット　d. スタッコ e. 他（　　）
	ベランダ		a. コンクリート押さえ（アス・シート・他／　　）　b. ウレタン c. シート　d. FRP　(e. 他)アルミ）

漏水状況	漏水箇所	a. 東　b. 西　c. 北　(d. 南)　e. 北西　f. 南東　g. 南西　h. 北東
		（1）階の　東側洋室
		(a. 窓（出窓）上枠)　b. 天井　c. 回り縁　d. 柱・梁　e. 点検口内　f. 鴨居　g. 床 他（　　）
		a. 東　b. 西　c. 北　d. 南　e. 北西　f. 南東　g. 南西　h. 北東
		（　）階の
		a. 窓（出窓）上枠　b. 天井　c. 回り縁　d. 柱・梁　e. 点検口内　f. 鴨居　g. 床 他（　　）
	気付いたのは	2012 年 4 月頃　　履歴　随時　　年に何回位…（2）回
	雨　質	時間 a. 長 (b. 中) c. 短　雨量 a. 多 (b. 中) c. 少　風の強さ a. 強 b. 中 (c. 弱)
	漏水形態	a. 濡れる　b. 染みる　(c. 垂れる)　d. 溜まる（毎秒1滴位）　溜る量 約500cc
	漏水までの時間	降り始めてから漏水するまでのおおよその時間は…（2〜3）時間位
	止まるまでの時間	雨がやんでから漏水が止まるまでのおおよその時間は…（　　）

摘　要

・2012 年の雨漏り発生時に建築した工務店にて補修（有償）→解決せず
・2013 年 4 月 29 日に藤沢店（担当：原田芳一）にて事前調査／シーリング好適箇所などを無償にてアドバイス→一時的に雨漏りが止まる
・2015 年 8 月、9 月に 2 度雨漏り発生

【原因調査】

〈雨漏り経緯〉

　雨水浸出位置は、1階南面洋室の窓上枠です。その上部には片持ちのアルミ製バルコニーが取り付けられています。3年ほど前の降雨時に窓上枠から水滴が垂れてきたので、建てた工務店に依頼し、有償にて補修を行いましたが、しばらくすると同様の雨漏りが起きてしまいました。当時は雨漏りが起きる頻度が多くなかったことから、依頼主は簡易補修程度の修理を考えておられました。依頼主が自らシーリング補修を施し、とりあえず雨漏りはしなくなったようです。しかし、2年あまりを経過した2015年の8月と9月にそれぞれ1度ずつ雨漏りしたため、根本的な解決を図るべく、依頼を受けました。

〈雨漏り調査〉

1）現場調査及びヒアリングによる情報収集

　2年前に1度下見とヒアリングを行っておりましたので、その検証を行

図3　建物外観

いました。

　図3のように、バルコニーは建物本体から片持ち梁を持ち出して取り付けられています。柱はありません。

図4　片持ち梁とサイディングとの取り合いのすき間

　前回の調査の際には、本体から持ち出した片持ち梁とサイディングとの取り合いに、図4のようなすき間が空いていたので、そこを埋めると状況が改善する可能性がある旨ご依頼主にアドバイスを行いました。

　依頼主がご自身でシーリング材を用い、このすき間を埋めたところ、その後2年あまり雨漏りは発生しなかったようです。表面上、他に雨水が浸入するようなすき間や孔は見当たりません。そこで目視確認ができないバルコニーの側面、サイディングとの取り合いを疑いました。ただし、そもそもサイディングの表面にすき間があったとしても、2次防水である下地防水シート自体に問題がなければ、雨漏りは起こらないはずです。したがって、2次防水に何らかの不具合が起きていることは間違いありません。

2) 仮説を立てる

仮説1

片持ち梁とサイディングとの取り合いを疑います。梁は建物本体から持ち出していますので、いうまでもなく貫通しています。その周囲の2次防水の不具合から雨水が浸入している可能性を疑います。

仮説2

片持ち梁が出ている箇所以外の2次防水の不具合を疑います。雨水浸出位置より上部の2次防水に不具合が発生していれば、梁の部位でなくとも同じように雨漏り現象が起こります。

3) 雨漏り調査の実施

本件においては、依頼主が根本的な解決を望んでおられました。ここまでの調査およびヒアリングにより、2次防水に不具合が起きていることは明らかなので、根本原因を解決するためには、既存サイディングをはがし、2次防水をやり直すことは必須でした。そのため散水調査は行わず、サイディングを撤去してから原因を検証することとしました。しかしここで問題となるのがバルコニーです。部材を切断しなければ外せない可能性があ

図5　サイディングボードをはがしたところ

り、いったん外すと再設置できなくなる恐れがありました。また、柱がないので持ち出し梁は常に動いており、その箇所を入念に止水しても切れたりはがれたりするリスクが予想されました。そこで、新規に柱立てバルコニーに交換することとしました。

図5は、片持ち梁付近のサイディングボードをはがしたところです。

図6　アンカーボルトを外す

図6でプレートのアンカーボルトを外しています。

黒いシートは2次防水であるアスファルトフェルトと呼ばれる防水シートです。図7のように、プレートを避けるように切り取られていて、どこにも接着されていません。基本的に、サイディングなどの外装材を張らなくても、2次防水だけで100％雨水を防ぐようになっていなければいけません。接着されていないこと自体に問題があるのです。両面防水テープやシーリング材などを駆使し、フェルトを他部材にしっかりと密着させるように張り付けなければ、雨水が浸入してしまうことは容易に想像がつきます。なお、フェルトが切り取られていることから、バルコニーを設置してからフェルトが張られていたことがわかりますが、そもそもフェルトを張

図7　プレートを避けるようにアスファルトフェルトが張られている

ってからプレートを取り付ければ、わざわざフェルトを切ることもなかったはずです。

【原因特定】

　バルコニー面のすべてのサイディングをはがすと、他にも2次防水であるフェルトが正しく張られていない箇所が続出し、そのいくつかで雨水が浸入していることを確認しました。したがって、本件の雨漏りメカニズムは、（特に持ち出し梁付近の）2次防水であるアスファルトフェルトの施工不良により、内部に浸入した雨水が掃き出し窓上枠に到達し、室内へ浸出していると考えられます。

【対策】

　バルコニー面においては、バルコニー・サイディング・持ち出し梁などをすべて撤去し、建物の構造体のみにしました。その状態で透湿防水シートを増し張りし、新規にサイディングを張って雨水の浸入が起こらない状態にしてから、最後に柱立てバルコニーを設置しました。

既存の状態

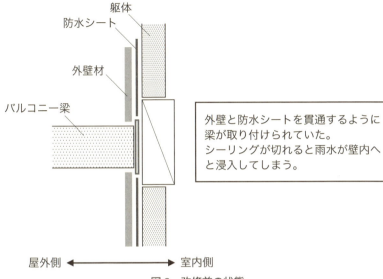

躯体
防水シート
外壁材
バルコニー梁

外壁と防水シートを貫通するように
梁が取り付けられていた。
シーリングが切れると雨水が壁内へ
と浸入してしまう。

屋外側 ◀━━━━━▶ 室内側

図8　改修前の状態

図9　透湿防水シート張り

おわりに

　建築現場の「雨漏り事件簿」として多くの事例を紹介しました。雨漏りする建物の建築主は困っています。一方の施工者側も雨漏りの修理責任を果たす上で、解決する方法が定かでなく、補修しても再発して困っています。それだけ雨水の全浸入口を的確に見つけ、適切に補修することは難しいものです。新築時点で配慮をすれば雨漏りは生じないはずですが、現場では品質よりも工期の速さを求めて、取り敢えず施工することがあり、将来の大きな信用失墜、金銭上の損害につながっています。雨漏りする建物を補修した後に再発する場合が多く、補修と再発を繰り返すと裁判・調停など争いに発展していきます。双方ともに望むところではありません。

　建築に携わる技術者として、まず雨漏りしない建物を提供することが必要であり、万一雨漏りしたならば適切に対応・修理できなければなりません。若手技術者が優秀な技術者に育っていく過程で、多くの失敗経験・成功体験が必要です。技術者として、様々な知識の勉強をする時間、資格を取得するための時間が必要ですが、忙しさに追われています。そんな中でも本書を読んでそのヒントをつかんでほしいものです。

謝辞

　日本建築協会の出版委員会に所属しておりますが、毎月の定例会議で、原稿の進捗状況を確認しながら、西博康委員長はじめメンバー各位から、貴重な助言をいただき、感謝しております。

　学芸出版社編集部の岩崎健一郎氏には、ながらく出版に向けて、多くの提案をいただきました。ながい時間が経過しましたが、やっと本書が誕生いたしました。皆様方にこの場を借りて、深く感謝しお礼申し上げます。ありがとうございました。

● 著者紹介

玉水新吾 (たまみず しんご)

京都市生まれ。名古屋工業大学建築学科卒業後、大手住宅メーカーにて技術系の仕事全般を 34 年経験。現在、一級建築士事務所「ドクター住まい」主宰、大阪地裁民事調停委員、雨漏り診断士協会技術研究所長。

HP ：ドクター住まい
　　　http://doctor-sumai.com/

資格：一級建築士・1 級建築施工管理技士・1 級土木施工管理技士・1 級造園施工管理技士・1 級管工事施工管理技士・宅地建物取引主任者・インテリアプランナー・インテリアコーディネーター・コンクリート技士・第一種衛生管理者

著書：『現場で学ぶ住まいの雨仕舞い』『建築主が納得する住まいづくり』『写真マンガでわかる建築現場管理 100 ポイント』（以上、単著、学芸出版社）、『写真マンガでわかる住宅メンテナンスのツボ』『写真マンガでわかる工務店のクレーム対応術』『建築現場のコンクリート技術』（以上、共著、学芸出版社）、『DVD 講座　雨漏りを防ぐ』（監修、日経 BP 社）、『住宅施工現場のかんたん CIS（近隣対策編）』（単著、PHP 研究所）

唐鎌謙二 (からかま けんじ)

建物の雨漏りを修理するプロフェッショナル。伝説の雨漏りハンター。一級建築士やベテランの大工など、建物のプロがあきらめる難しい雨漏りを最後の砦となって解決し続けている雨漏りの専門家。年間 300 棟以上の雨漏り物件にたずさわり、自身が直接担当した雨漏り案件は解決率 98％を誇っている。2005 年、日本最大の雨漏り職人ネットワーク「雨漏り 110 番グループ」を設立。さらに 2006 年、日本で唯一の雨漏り診断士認定機関「NPO 法人雨漏り診断士協会」を立ち上げる。現在は理事として後進の指導にあたり、これまで 683 名の雨漏り診断士を全国に送り出している。

鹿児島県出身。雨漏り 110 番グループ代表、日本建新株式会社代表取締役、日本外装株式会社代表取締役、日本外装システム株式会社代表取締役、NPO 法人雨漏り診断士協会理事。

著書：『自分を磨く「嫌われ仕事」の法則』（単著、経済界）

● 雨漏り事例監修

久保田仁司 (くぼた ひとし)

NPO 法人雨漏り診断士協会理事、雨漏り 110 番グループ技術統括本部長、日本建新株式会社取締役技術統括本部長、有限会社第一浜名建装代表取締役。塗装と雨漏りのプロフェッショナル。

寄稿：日経ホームビルダー連載多数

講師：雨漏り関連セミナー、塗装関連セミナー講師等

〈雨漏り110番グループ〉とは

　2005年に設立された日本最大の雨漏り職人ネットワーク。難しい雨漏りを解決し続ける雨漏りのプロフェッショナル集団。全国に43店舗を展開中（2017年4月現在）。全加盟店に雨漏りの専門家である「雨漏り診断士」（NPO法人雨漏り診断士協会認定）が在籍している。

　雨漏り110番グループにおける雨漏り解決率は97％を越えている。雨漏り調査と雨漏り修理の施工実績は、雨漏り110番グループ全体で延べ1万1847件。2016年度で年間705件の雨漏り調査と、619件の雨漏り修理を施工し、合計1324件の雨漏り案件を解決している。施工実績の1/4にあたる約24％の案件が、同業他社において解決できなかった雨漏りであり、まさに雨漏り業界の難解な雨漏りを解決し続けている。

　雨漏り110番グループ代表の唐鎌謙二は、NHKニュース番組「おはよう日本」や、テレビ系情報番組に雨漏りの専門家として出演し、業界のリーダーとして紹介されるなど、雨漏り修理業界のパイオニア的存在として広く知られている。また、技術統括本部長である久保田仁司が雨漏り関連記事を長期連載するなど、雨漏り修理業界におけるオピニオンリーダー的な存在のプロフェッショナルが多数在籍している。

〈雨漏り110番ネットワーク運営会社〉

日本建新株式会社

154-0012 東京都世田谷区駒沢1-17-11　駒沢N・Sビル5階

電話：03-6450-8431、FAX：03-6450-8433

〈雨漏り事例提供者〉

唐鎌謙二（日本外装株式会社）

倉方康幸（有限会社サンカラー）

高松洋平（高松工業有限会社）

藤田裕二（株式会社建水プロテクト）

原田芳一（株式会社リペイント湘南）

内田博昭（日本外装株式会社）

今野昇（株式会社大昇ビルメンテナンス）

〈雨漏り事例監修・図作成〉

久保田仁司（有限会社第一浜名建装）

〈雨漏り事例協力者〉

宇野清隆（株式会社カルテット）

佐々木恒治（ハウスリペイント佐々木塗装）

坂元康士朗（有限会社グラス・サラ）

志村徳彦（有限会社志村建装）

西島孝志（有限会社優工業）

千葉清貴（有限会社協同防水）

田尻茂人（田尻防水株式会社）

土門修平（セグンド株式会社）

米澤義則（ヌリヨネ塗装サービス）

禧久貴徳（有限会社 KIKU 防水）

宮垣将一郎（株式会社グローイングホーム）

図解 雨漏り事件簿　原因調査と対策のポイント

2018 年 1 月 1 日　　第 1 版第 1 刷発行
2023 年 11 月 30 日　第 1 版第 5 刷発行

監　修 ········· 雨漏り 110 番技術班
著　者 ········· 玉水新吾・唐鎌謙二
企　画 ········· 一般社団法人 日本建築協会
　　　　　　　〒 540-6591　大阪市中央区大手前 1-7-31-7F-B
発行者 ········· 井口夏実
発行所 ········· 株式会社 学芸出版社
　　　　　　　〒 600-8216　京都市下京区木津屋橋通西洞院東入
　　　　　　　電話 075-343-0811
　　　　　　　http://www.gakugei-pub.jp/
　　　　　　　E-mail info@gakugei-pub.jp
装　丁 ········· KOTO DESIGN Inc. 山本剛史
印　刷 ········· イチダ写真製版
製　本 ········· 新生製本